부수로 배우는 일본한자

김성봉 지음

지식과교양

머리말

　일본에서는 일본 가나(仮名)만으로 문자 생활은 불가능하다. 다시 말해서 한자를 모르면 신문이나 잡지도 읽을 수가 없고, TV나 라디오도 청취할 수 없다. 다시 말해서 일본에서 생활하는 이상 한자를 기억해서 한자를 사용해야 하는 것은 숙명적이기 때문에 한자의 학습은 선택이 아니고 필수이다. 그런 이유로 일본어 학습에서 한자의 학습을 아무리 강조해도 지나치지 않다.

　그런데 일본어를 학습할 때 한자의 지식이 부족한 한글세대 대부분 대학생들은 한자란 자체가 복잡하고 비슷해서 잘 알아보기 어렵고, 쓰기도 힘들고 잘 읽을 수 없어 처음부터 한자 공포증에 걸려 한자학습을 기피하는 학생들이 많다. 그래서 일본어 수업에서 읽기를 시키면 히라가나는 잘 읽다가 한자만 나오면 읽을 수가 없는 학생들이 대부분이다.

　이런 학생들에게 한자를 옛날 서당에서 한자를 배우듯이 「하늘 천, 따 지, 검을 현, 누를 황…」와 같이 무조건 외우도록 해서 한자 전체를 그대로 머릿속에 집어넣는 방법은 좋지 않다. 한자는 글자 전체보다 한자를 분해해서 한자를 이루는 부수들을 이해해서 기억하는 것이 중요하다.

부수는 音을 나타내지 않고 뜻을 나타내기 때문에 부수의 의미를 안다는 것은 한자를 열 字 이상 암기한 것과 같을 정도로 중요하다. 이런 점에서 한자를 공부할 때 한자 부수의 의미를 잘 이해한 후 한자를 분해할 수 있는데 까지 분해해서 이해를 하면 한자 학습에 큰 도움이 될 것으로 기대가 된다.

이런 학습을 위해서 이 책의 가장 큰 특징은 부수가 모여 한자가 구성되는 기본 원리를 잘 이해할 수 있도록 부수별로 한자를 분류해서 한자를 분해할 수 있는 데까지 분해해서 설명하였기 때문에 이 책을 잘 학습하면 어떤 한자를 보아도 자신 있게 분석해서 뜻을 생각해보고 한자를 기억하는 漢字力을 배양할 것이라 확신한다.

그리고 필순이란 한자를 실제로 써서 나타내려고 할 때, 전체의 글자가 충분하게 갖추어지도록 차례차례로 형성해 가는 점획의 순서이기 때문에 한자를 필순대로 쓰는 것이, 가장 효과적이고 능률적으로 한자를 기억하는 것이다. 그래서 표제어 348자 중에서 교육한자 一과 상용한자 憬과 상용한자이외한자 8자를 제외한 총 338자에 대한 필순을 학습에 도움이 되도록 넣었다.

그리고 끝으로 한자는 기호의 기억이기 때문에, 여러 번 연습해서 쓰는 것이 중요하다. 그러나 기계적인 암기는 살아 있는 언어의 학습으로서의 한자는 되지 않는다. 한자의 학습에서 가장 중요한 것은 실제 생활에서 어떤 한자를 어떤 식으로 사용하면 좋을까라는 한자의 선택 방법과 잘 가려서 쓰는 법 등이 특히 중요하다.

그런 이유로, 한자를 단지 지식으로서만 가지고 있지 말고 생동하는 생활의 살아 있는 문장 속에서 적절하게 잘 가려서 쓰도록 평소 노력하지 않으면 안 된다.

2018년 8월

金成俸

일러두기

차례에서 부수별로 분류해서 선정된 표제어 348자(각주에 별도로 자원 해설을 한 한자를 제외)는 가급적 일본 초등학교에서 배우는 교육한자 1006자 중에서 228자를 찾아 단어의 뜻을 풀어 해석하면서 연결고리로 서로 관련된 한자를 당용한자표에서 100자, 상용한자표에서 12자, 상용한자이외한자에서 8자를 선정해서 자원을 원래의 자원에 충실하면서 가장 쉽게 이해할 수 있도록 분해해서 설명하였다.

교육한자, 당용한자, 상용한자 전부 다른 한자가 아니고, 상용한자 안에 당용한자가 속하고 당용한자 속에 교육한자가 속한다. 다시 말해서 당용한자표에서 초등학생들이 배울 한자를 뽑아서 만든 것이 교육한자이다.

교육한자란 일본 문무성이 1977년 7월 23일『小学校学習指導要領(1988년 4월부터 시행)』을 고시해서 小学校(한국의 초등학교)의 각 학년에 배당해서 지도하는 한자로 현재 1006자이다. 예를 들면 교재에서 교육한자 1학년이란 초등학교 1학년이 배우는 한자이다.

당용한자란 제2차 세계대전이 끝난 후, 일본에서 문자의 사용법에 대한 개혁이 강해져서, 1946년 11월 16일에는 내각(內閣) 고시(告示)

로서 신문, 잡지 등에 사용하는 한자의 범위로서 1850자로 제한한 한자이다. 물론 1006자 교육한자는 전부 당용한자에 속한다.

상용한자란 30여 년 동안에 「당용한자표」에 의해서 문자생활을 해 보니 1850자로서는 표현할 수 없는 한자가 있다는 것을 알고 당용한자 1850자에 95자를 첨가해서 1981년에 1945자로 제출된 것이 상용한자이다. 따라서 상용한자에는 당용한자와 교육한자가 다 속한다.

한자 앞에 ▷는 그 단원에 속하는 부수한자이고 ▶는 단원에 속하지 않는 부수가 다른 한자이지만 기본자가 같아 혼돈하기 쉬운 한자(기본자는 같지만 부수가 다른 한자)이다.

(명)은 명사/(형)은 형용사/(부)는 부사/(접미)는 접미사/(자상1)은 상1단 자동사/(타상1)은 상1단 타동사/(자하1)은 하1단 자동사/(타하1)은 하1단 타동사/(자5)는 5단 자동사/(타5)는 5단 타동사/(형동ダ)는 형용동사이다.

차례

---

1) 한국에서는 발

제1장
한자의 제자원리

제1장

한자의 제자원리[1]

한자는 그 자수(字数)가 약 5,6만자나 되고 형태도 여러 가지이다. 하지만 중국 사람들이 아무렇게나 한자를 만든 것은 아니다. 한자를 만드는데 몇 개의 법칙이 있다. 이 법칙을 최초로 주장한 사람이 後漢 時代의 許慎이라는 학자이었다. 許慎은 자기가 저술한 『説文解字』속에서 六書라는 한자의 성립과 사용법을 적었는데, 그 구성법을 크게 나누어 六種(象形, 指事, 会意, 形声, 転注, 仮借)으로 분류한다. 우선 象形, 指事라는 두 개의 법칙에서 한자를 만들고, 다음에 그들 한자를 会意, 形声이라는 두 개의 법칙에서 짜 맞추어 한자를 만들고, 다시금 転注, 仮借라는 두 개의 법칙에 의해서 한자를 활용한다는 것이다.

따라서 그 발달단계는 "상형(象形)→지사(指事)→회의(会意)→형성(形声)→전주(転注)→가차(仮借)"順이다. 그러면 우선 한자 부수를

---

[1] 김성봉편(1999) 『일본한자에 강해지는 책』 시사일본어사 pp.15-28. 일부 수정한 내용이다.

이해하기 쉽도록 우선 그 여섯 가지 분류에 대한 간단한 설명을 해 둔다.

1. 상형문자(象形文字)

한자 구성에서 가장 기본이 되는 것으로 눈에 보이는 사물의 모양이나 형태를 본떠서 만든 글자가 상형문자이다. 그 수는 약 600자 정도이다.

  ＊자연을 나타내는 한자

    山, 川, 日, 月, 火, 水, 木, 土, 雨, 竹…

  ＊사람을 나타내는 한자

    人, 女, 母, 子…

  ＊인체를 나타내는 한자

    目, 口, 耳, 手, 足, 首, 毛…

  ＊동물을 나타내는 한자

    犬, 牛, 鳥, 羊, 魚, 馬, …

  ＊곡류를 나타내는 한자

    米, 麦…

2. 지사문자(指事文字)

사물의 모양으로 표시하기 어려운 추상적(형태가 없는 것)인 개념을 점이나 선 또는 부호로써 나타낸 글자가 오랫동안 정돈되어 만들어진 글자를 지사문자라고 부른다. 그 수는 약 135字 정도이다.

* 숫자를 나타내는 한자

　一, 二, 三, 四, 五, 六, 七, 八, 九, 十…

* 방향 등을 나타내는 한자

　上, 中, 下, 本, 末…

3. 회의문자(会意文字)

상형문자나 지사문자만으로는 역시 문자가 부족하기 때문에 이미 만들어진 문자(상형문자나 지사문자)를 두 자 이상 합하여 새로운 문자를 만들어 쓰되 「뜻+뜻」으로 결합하여 만들어진 문자를 회의문자라고 부른다. 예를 들면 休(쉴 휴)는 「人(상형문자)+木(상형문자)」의 형태로 사람(人)이 나무(木) 아래에서 쉬고 있는 것을 나타내는 한자이다.

* 同体会意(どうたいかいい)

　林 · 森 · 昌 · 炎 · 品 · 多 · 轟 · 犇 · 姦…

* 異体会意(いたいかいい)

　休 · 信 · 体 · 伏 · 利 · 突 · 劣 · 男…

* 省体会意(しょうたいかいい)

　孝(老＋子) · 労(営＋力)…

4. 형성문자(形声文字)

뜻을 나타내는 부분과 음을 나타내는 부분을 서로 합하여 새로운 문자를 만들었다. 쉽게 말해서 한자의 뜻(성질)을 나타내는 部首인 形과 읽기(音声)를 나타내는 부분을 합쳐서 만든 한자이다. 단 읽기를 나타내는 부분도 뜻(성질)을 나타내는 경우도 있다. 이와 같은 형성한 자가 한자 전체의 약 80% 이상을 차지하고 있기 때문에 형성문자의 원리를 이해한다는 것은 한자 학습에 있어서 가장 중요하다.

예를 들면 抱(안을 포), 泡(거품 포), 砲(대포 포), 飽(물릴포)와 같은 한자가 형성문자이다. 이들 한자들은 읽기(音声)를 나타내는 공통부분인 包(쌀 포)에 뜻(성질)을 나타내는 部首인 扌(手), 氵(水),石, 食 등과 결합하여 만든 한자이다. 따라서 이들 한자들은 뜻(성질)을 나타내는 部首는 扌(手), 氵(水),石, 食와 같이 전부 다르지만 읽기(音声)를 나타내는 공통부분인 包(쌀 포)는 전부 같기 때문에 음은 전부 같은 것이다.

여기서 읽기(音声)를 나타내는 공통부분인 包(쌀 포)는 여성이 자궁에 임신한 태아(己[2])를 자궁 내막으로 둘러싼 모습(勹)을 본뜬 상형문자로 감싸다(つつむ)라는 뜻도 나타내고 있다.

따라서 이들 한자를 암기할 때는 이들 한자의 구조가 「部首(뜻)+기본자(음성+뜻)」로 되어 있다는 것을 이해하면 되겠다.

＊抱(안을 포)＝扌(손수 변)+包「(つつむ(감싸다)」

---

2) 비슷한 한자 「己(몸 기), 已(이미 이), 巳(뱀 사)」

손(扌=手)으로 감싸는(包) 것 같이 하는 것은 「껴안다(かかえ る)」는 뜻이다.

* 泡(거품 포)=氵(물수 변)+包「(つつむ(감싸다)」

물(氵=水)로 감싼(包) 것은 「물거품(あわ)」이다.

* 砲(대포 포)=石(돌석 변)+包「(つつむ(감싸다)」

돌(石)을 감싼(包) 것은 「대포(たいほう)」이다. 이것은 옛날 대포 는 화약이 든 포탄 대신, 돌을 감싸서 발사하였기 때문이다.

* 飽(물릴포)=食(밥 식)+包「(つつむ(감싸다)」」

먹는(食) 것을 먹지 않고 감싸는(包) 것은 배가 가득 차서 더 이 상 먹고 싶지 않다는 것으로 「물리다. 충분하다(あきる)」라는 뜻 이다.

5. 전주문자(転注文字)

이미 있는 글자의 본래의 뜻과는 다른 뜻으로 쓰이는 한자를 전주 문자라고 말한다. 예를 들면 道, 楽, 北, 悪, 長 등이 여기에 속한다.

* 道 : 본래의 뜻은 「道路(どうろ)」라는 뜻이지만 뜻이 변해서 같 은 것을 반복 사고해서 얻은 최고의 선(善)에 이르는 것이 「도 (道)」이다.

道徳(どうとく) : 인간이 지켜야 할 도리나 바람직한 행동 규범

6. 가차문자(仮借文字)

어떤 단어를 나타낼 때 한자 본래의 뜻과는 상관없이 한자의 음만 같으면 빌려 쓰는 한자를 가차문자(仮借文字)라고 부른다. 일본에서 가장 오래된 가차문자에 속하는 것은 고대 「万葉仮名」이다. 「万葉仮名」란 일본인들이 문자가 없을 때 우리나라 향가와 마찬가지로 일본말을 한자로 표기할 때 한자의 뜻은 무시하고 한자의 음만 빌려 표기하는 발음부호라고 생각하면 될 것 같다. 예를 들면 꽃을 일본어로 「はな」라고 말하는데 그것을 표기할 때 한자 본래의 뜻은 무시하고 음만 택해서 「波奈」 또는 「波名」라고 표기하는 것을 말한다.

이와 같은 가차문자(仮借文字)는 일본에서는 明治時代(1868~1912)의 문명개화시대(文明開化時代)가 되자 영어 · 프랑스어 · 독일어 · 이탈리아어 등 많은 나라의 말이 모든 분야에 많이 유입되었는데 이와 같은 외래어를 일본인은 한자로 표기할 때 많이 사용하였다.

예를 들면, 영어 America(미국)를 한자로 표기할 때, 한자의 뜻과는 관계없이, 한자 발음에 해당하는 한자를 빌려 「亜米利加(アメリカ)」로 표기한 것을 말한다.

제2장

部首

제2장

部首

대부분 사람들이 한자를 외우는 방식은 한자 전체를 그대로 머릿속에 집어넣는 방법을 사용하고 있는데 이것은 참으로 어리석은 방법이다. 이와 같이 글자 전체를 그냥 외우는 방법을 사용하지 말고 한자를 이루는 부수(部首)들을 이해해서 기억하는 것이 중요하다. 영어를 배우려면 알파벳「a,b,c...」를 외워야하고, 한글을 배우려면 자모음「ㄱ, ㄴ, ㄷ...」을 반드시 외워야하는 것과 마찬가지로 한자를 배우기 위해서 부수를 배워야 한다. 부수를 착각해서 자기가 다니는 한양대학교(漢陽大学校)를 한탕대학교(漢湯大学校)로 적는 그런 학생이 없도록 하기 위해서 반드시 부수를 이해해서 기억해야겠다.

그럼 部首는 무엇인가? 형성문자에서 조금 설명했지만 아주 간단히 말하면 형성문자에서 음부(音符)로 쓰인 한 부분 이외에 뜻을 보이는 다른 한 부분이 있으니 이것을 部首라고 말한다.

部首에서 部란 한자의 뜻과 형태에 의해서 나누어진 그룹을 말하고, 그리고 그룹의 기본을 首라고 말한다. 예를 들면

　　　林(수풀 림{임}), 根(뿌리 근), 柱(기둥 주), 材(재목 재)…

　　와 같이 수목(樹木) 이나 목재(木材)에 관한 것을 나타내는 한자를 하나의 그룹으로 한데 모아서 木部로 하고 그 그룹의 首는 木이라는 것이다.

　　그러면 다음 한자의 부수는 무엇일까?

　　　① 出 ② 弟 ③ 正 ④ 百

　【정답】① 出(날 출)은 凵部(위튼입구몸부수)
　　　　　② 弟(아우 제)는 弓部(활궁부수)
　　　　　③ 正(바를 정)은 止部(그칠지부수)
　　　　　④ 百(일백 백)은 白部(흰백부수)이다.

　　이와 같은 部首는 字典을 찾는 데에 꼭 필요한 것으로 지금으로부터 약 1920여 년 전 後漢時代 때 허신(許慎)이 쓴 설문해자(説文解字)에 처음으로 채용되었는데 여기에는 무려 540種의 部首가 수록되어 있다. 너무 部首가 많기 때문에 그 후 시대의 학자들이 部首를 줄여서 清代의 강희자전(康熙字典)에 214種을 수록했는데 이것이 현재 사용하고 있는 漢和辞典에서 채택하고 있다.

　　이와 같이 部首의 종류는 많지만 글자의 어느 위치에 놓이는가에 따라서 8가지로 분류를 한다. 그 위치에 따라 「1. 偏(변/へん)[1], 2. 旁

---

1) 부수가 글자의 왼쪽을 이루는 것을 '변'이라고 한다.

(방/つくり)[2], 3. 冠(머리/かんむり)[3], 4. 脚(발/あし)[4], 5. 構(몸/かまえ)[5], 6. 垂(엄/たれ)[6], 7. 繞(받침/にょう)[7], 8. 제부수[8]」 이렇게 나뉘는 것이 보통이다. 하지만 한 가지 분류에만 속하는 것은 아니고, 중복해서 분류될 수도 있다.

예를 들면 松(소나무 송; 木-총8획)이라는 한자의 部首는 木部首이면서 「나무목 변(きへん)」이다. 하지만 本(밑 본; 木-총5획)은 木部首에는 속하지만 「나무목 변(きへん)」은 아니다.

부수(部首)의 최대의 특징은 音을 가지고 있지 않는 것이다.

다시 말해서 部首의 역할은 의미를 나타내는 것으로 木(나무 목/きへん) 이라면 수목(樹木) 또는 목재(木材)에 관한 것이고, 雨(비 우/あめかんむり) 라면 기상 또는 날씨에 관한 것을 나타낸다. 예를 들면, 機(틀 기)라면 목(木) 변에 관계없이 「기(幾)=き」이고, 「霜」이라면 雨(あめかんむり)에 관계없이 「상(相)=そう」이다.

다음은 주요한 부수(部首)와 그 뜻을 나타내는 것이니 한자의 뜻을 이해하는데 많은 도움이 되므로 알아두어야 한다.

---

2) 부수가 그 글자의 오른쪽을 이루는 것을 '방'이라고 한다.
3) 부수가 그 글자의 위쪽을 이루는 것을 '머리'라고 한다.
4) 부수가 그 글자의 밑을 이루는 것을 '발'이라고 한다.
5) 부수가 그 글자의 둘레를 에워싸거나 밑이나 옆이 터진 3면을 감싸거나 하는 것을 '몸'이라고 한다.
6) 부수가 글자의 위와 왼쪽을 이루는 것을 '엄'이라고 한다.
7) 부수가 그 글자의 왼쪽에서 밑을 받치는 것을 '받침'이라고 한다.
8) 部首가 그 글자의 전체를 이루고 있는 한자를 '제부수'라고 한다.

01

偏(변/へん)

1 冫(이수변/にすい)

이 부수는 물이 얼었을 때 표면에 생기는 잡아당기는 듯한 형태를
본뜬 상형문자이다. 물이 얼어서 물방울 하나가 없어진 형태로 춥다,
쌀쌀하다, 얼다 등 추위로 일어나는 모든 현상을 나타내는 한자에 사
용한다. 이와 같이 冫는 얼음에 관계하는 부수이기 때문에 氷(얼음
빙; 水-총5획; 교육한자 3학년)이라는 한자도 원래는 冫부수에 수록
되었지만 지금은 水部에 수록되어 있다. 하지만 氷의 본래는 冰라는
한자의 속자이다.

일본 당용한자표에서 冫部에는

冬冷准凍凝

와 같이 5자가 수록되어 있다. 당용한자표에는 수록되어 있지 않지
만 상용한자표에는 冶(불릴 야; 冫-총7획)와 凄(쓸쓸할 처; 冫-총10
획)가 있다. 그리고 冫부수에는 속하지 않지만 冫가 들어가는 寒(찰

한)이 있다. 현재는 宀部에 수록되어 있지만 하부에는 얼음을 나타내는 冫가 붙어있다. 현재 일본에서는 冫부분의 글자체가 방향이 바뀌어 寒(찰 한; 宀-총12획; 교육한자 3학년)와 같이 사용하고 있다.

【부수한자】

▷ **冬** 겨울 동; 총5획; 교육한자 2학년

- **字源** 「夊(뒤져서 올 치)+冫(얼음 빙)」의 회의문자이다. 위의 夊(뒤져서 올 치)는 발의 상형문자이고 아래는 冫(얼음 빙)의 변형으로 계절 중에서 뒤에 오고(夊) 물이 어는(冫) 계절인 「겨울(ふゆ)」을 뜻한다.
- **筆順** ［ ' ク 夂 冬 冬 ］
- **音** とう
  - 冬眠(동면/とうみん) : 동물들이 겨울잠을 자는 것.
  - 春夏秋冬(춘하추동/しゅんかしゅうとう)
- **訓** ふゆ : (명) 겨울.

▷ **冷** 찰 랭[냉]; 총7획; 교육한자 4학년

- **字源** 「冫+令(명령 령, 우두머리 령)」의 형성문자로 얼음(冫)처럼 상관의 명령(令)은 「냉정하다·차갑다(つめたい)」의 뜻이다.

- **筆順** | ` 冫 冫 冫 冷 冷 冷 |
- **音** れい
    - 冷笑(냉소/れいしょう) : 비웃음.
    - 冷静(냉정/れいせい) : 생각이나 행동이 감정에 좌우 되지 않는 것.
- **訓** ① さメル : (자하1) 식다.
    ② つめタイ : (형) 차다. 냉정하다.

凍 얼 동; 총10획; 당용한자

- **字源** 「冫+東(동녘 동; 木에 태양(日)이 겹친 것)」의 형성문자 로 얼음(冫)이 겹겹이(東) 「얼다(こおる)」의 뜻이다.
- **筆順** | 冫 冫 汀 汩 涷 凍 |
- **音** とう
    - 凍傷(동상/とうしょう) : 심한 추위로 피부가 얼어서 상하는 것.
- **訓** ① こおル : (자5) 얼다.
    ② こごエル : (자하1) 얼다.

2 イ (사람인변/にんべん)

| 象-イ-ク-刀-人 | 人(사람 인)은 사람이 한 발을 내 딛고 서 있는 모양을 본뜬 상형문자이다. 합체자

를 만들 때 왼쪽에 붙여서 부수(部首)로서 사용할 때는 「亻」로 「사람 인 변/にんべん」이라고 하는데 사람과 관련된 뜻을 나타내는 한자로 사용한다. 그러나 亻를 사용하지만 亻部에 수록하지 않은 한자도 있다. 예를 들면 化(될 화; 교육한자 3학년)는 왼편에 亻(사람인 변/にんべん)을 사용하지만 匕部에 수록되어 있다.

일본 당용한자표에서 人部에는

人仁今介仕他付代令以仰仲件任企伏伐休伯伴伸伺似但位低住佐何仏作佳使来例侍供依侮侯侵便係促俊俗保信修俳俵併倉個倍倒候借傲値倫仮偉偏停健側偶傍傑備催伝債傷傾働像僚偽僧価儀億倹儒償優

와 같이 89자가 수록되어 있다.

【부수한자】

▷ **休** 쉴 휴; 총6획; 교육한자 1학년

- **字源** 「亻=人(사람 인)+木(나무 목)」의 회의문자로 사람(亻)이 나무(木)에 기대어 「쉬다(やすむ)」는 뜻이다.

- **筆順** 亻 亻 什 休 休

- **音** きゅう

  - 休息(휴식/きゅうそく) : 잠깐 쉼.

  - 休憩室(휴게실/きゅうけいしつ) : 잠시 쉴 수 있도록

마련된 방

- **訓**　やすム : (자타5) 쉬다.

作　지을 작; 총7획; 교육한자 2학년

- **字源**　「イ＝人(사람 인)＋乍(잠깐 사)」의 형성문자로 사람(イ)이 잠깐 사이에 무언인가를 「만들다(つくる)」는 뜻이다.

- **筆順**　イ イ 仁 竹 作

- **音**　さ · さく · さっ
  - 作業(작업/さぎょう) : 일. 노동.
  - 作文(작문/さくぶん) : 글짓기.
  - 作家(작가/さっか) : 예술품을 창작하는 일에 종사하는 사람.
  - 傑作(걸작/けっさく) : 매우 뛰어나게 잘된 작품.
  - 豊作(풍작/ほうさく) : 곡식이 잘되어 풍년이 드는 일.
  - 発作(발작/ほっさ) : 병이나 증상이 갑자기 일어남.
    ＊「ほうさく」가 아님.
  - 動作(동작/どうさ) : 몸이나 손발 따위를 움직임.
    ＊「どうさく」가 아님.

- **訓**　つくル : (타5) 만들다.

【乍를 기본자로 하는 비한자가족】

▶ 昨 　어제 작; 日-총9획; 교육한자 4학년

- **字源** 「日(해 일)+乍(잠깐 사)」의 형성문자로 하루(日)가 잠깐
  (乍) 사이에 지나가니「어제(きのう)」라는 뜻이다.

- **筆順** 　日　日′　旫　旽　昨

- **音** 　さく · さっ

  - 昨日(さくじつ · きのう) : 어제.

  - 昨夜(さくや) : 어젯밤.

  - 昨今(작금/さっこん) : 어제 오늘.

▶ 詐 　속일 사; 言-총12획; 당용한자

- **字源** 「言(말씀 언)+乍(잠깐 사)」의 형성문자로 말(言)로 잠깐
  (乍) 꾸며내는 것은「詐欺(사기/さぎ)」을 뜻한다.

- **筆順** 　言　言　訐　訐　詐

- **音** 　さ

  - 詐欺(사기/さぎ) : 못된 꾀로 남을 속임.

  - 詐取(사취/さしゅ) : 물품을 사기하여 속여 빼앗음.

- **訓** 　いつわル : (타5) 속이다. 거짓말하다.

▶ 酢 초 초; 酉–총12획; 당용한자

- **字源** 「酉(술 유)+乍(짐깐 사)」의 형성문자로 술(酉)이 잠깐 (乍) 지나가 면「식초(す)」가 된다는 뜻이다.

- **筆順** 丁 酉 酉 酢 酢 酢

- **音** さく

  –酢酸(초산/さくさん) : 초의 주성분.

- **訓** す : (명) 식초. 초.

- **훈독숙어** 梅酢(うめず) : 매실을 소금에 절인 즙.

▷ 代 대신할 대; 총5획; 교육한자 3학년

- **字源** 「亻=人(사람 인)+弋(주살 익 : 새총의 모습)」의 형성문 자로 사람(亻)이「대신하다(かえる)」는 뜻이다.

- **筆順** ノ 亻 亻 代 代

- **音** たい・だい

  –交代(교대/こうたい) : 교체.

  –代金(대금/だいきん) : 물건 값.

  –古代(고대/こだい) : 먼 옛날

  –現代(현대/げんだい) : 지금 이 시대

  –十代(십대/じゅうだい) : 10세～19세까지의 연령에 해당하는 사람.

- **訓** かエル : (타하1) 대신하다. 바꾸다.

▷ **仕** 벼슬할 사; 총5획; 교육한자 3학년

- **字源** 「亻=人(사람 인)+土[9](선비 사)」의 형성문자로 선비(土)가 벼슬을 하여 사람(亻)을 「섬기다(つかえる)」는 뜻이다.

- **筆順** 亻 亻 什 仕

- **音** し·じ
  - 仕種(しぐさ) : 행위. 처사. 짓. ＊일본에서 사용하는 어휘.
  - 奉仕(봉사/ほうし) : 남을 위하여 애씀.
  - 給仕(급사/きゅうじ) : 식당 등에서 음식을 나르는 사환.

- **訓** つかエル : (자하1) 섬기다. 시중들다.

▷ **他**[10] 남 타; 총5획; 교육한자 3학년

- **字源** 「亻=人(사람 인)+也(어조사 야 : 뱀이 몸을 감고 있는 모습으로 구부러져 있다는 뜻이다)」의 형성문자로 사람(亻)이 삐딱하게 구부러져 있는(也) 사람은 「타인(たにん)」이라는 뜻이다.[10]

---

9) 土(선비 사)는 「十(열 십)+一(한 일)(선비 사)」의 회의문자로 선비(土)란 하나(一)를 배우면 열(十)을 깨우치는 사람이 「선비」라는 것이다.
10) 地(땅 지)= 「土(흙 토)+也(어조사 야)」 흙(土)이 구부러져 있는 곳은 「地球(ちきゅう)」이다.
   池(못 지)= 「氵=水(물 수)+也(어조사 야)」 물(氵)이 구부러져 있는 곳은 「池

・筆順 | ノ イ イ' 仲 他 |

・音 た

 - 他人(타인/たにん) : 남. 제 삼자.

住 살 주; 총7획; 교육한자 3학년

・字源 「イ=人(사람 인)+主(주인 주)」의 형성문자로 사람(イ)
이 주로(主) 머물러 「살다(すむ)」는 뜻이다.

・筆順 | イ イ' イ' イ^ 住 住 |

・音 じゅう

 - 移住(이주/いじゅう) : 이주거주지를 다른 곳으로 옮
 겨서 삶.

 - 居住(거주/きょじゅう) : 일정한 곳에 자리를 잡고 머
 물러 삶.

 - 住民(주민/じゅうみん) : 일정한 지역에 사는 사람.

 - 衣食住(의식주/いしょくじゅう) : 사람이 생활하는
 데 기본이 되는 옷과 음식과 집을 통틀어 이르는 말.

・訓 すム : (자5) 살다.

使 하여금 사; 총8획; 교육한자 3학년

(いけ : 연못)」이다.

- **字源** 「亻=人(사람 인)+吏(벼슬아치 리{이})」의 형성문자로 윗사람(亻)이 아랫사람(吏)을 「부리다(つかう)」는 뜻이다.

- **筆順** 亻 亻 亻 亻 伊 使

- **音** し

   - 使用(しよう) : 소용이 되는 곳에 씀.

- **訓** つかウ : (타5) 쓰다. 사용하다.

▷ **付** 줄 부; 총5획; 교육한자 4학년

- **字源** 「亻=人(사람 인)+寸(마디 촌 : 사람 손을 뜻함)」의 회의문자로 사람(亻)이 손(寸)으로 물건을 주며 「부탁하다」는 뜻이다.

- **筆順** ノ 亻 亻 付 付

- **音** ふ・ぷ

   ① 주다(さずける). 건네주다(わたす).

   - 付与(부여/ふよ) : 가지거나 지니게 하여 줌.

   - 交付(교부/こうふ) : 무엇을 내어 줌.

   - 配布(배부/はいふ) : 문서 따위를 따로따로 나누어줌

   - 納付(납부/のうふ) : 세금이나 공과금 따위를 냄.

   ② 부탁하다(たのむ)

   - 付託(부탁/ふたく) : 의뢰함.

   ③ 덧붙이다. 곁들이다.

   - 添付(첨부/てんぷ)・付着(부착/ふちゃく)・付録

(부록/ふろく)

信 믿을 신; 총9획; 교육한자 4학년

- **字源** 「イ=人(사람 인)+言(말씀 언)」의 회의문자로 사람(イ)
  이 말한(言) 대로 행동하니 「믿다」는 뜻이다.

- **筆順** 亻 亻 亻 信 信 信

- **音** しん

  - 信念(신념/しんねん)・信仰(신앙/しんこう)

億 억 억; 총15획; 교육한자 4학년

- **字源** 「イ=人(사람 인)+億(뜻, 생각 의)=音(소리 음)+心(마음
  심)」의 형성문자로 사람(イ)은 마음(心) 속에 있는 것을
  소리(音)로 나타내고 싶은 것은 수없이 많다는 데서 「억
  (수의 단위)」의 뜻이다.

- **筆順** 亻 亻 亻 倍 億 億

- **音** おく

  - 億万長者(억만장자/おくまんちょうじゃ) : 헤아리기
    힘들 만큼 많은 재산을 가진 사람.

【意를 기본자로 하는 한자가족】

▶ 憶   기억할 억; 心-총16획; 당용한자

- **字源** 「忄=心(마음 심)+意(뜻, 생각 의)」의 형성문자로 마음
  (忄) 속에 생각(意)을 「기억하다(記憶する)」의 뜻이다.
- **筆順**   忄 忄 忄 忄 忄 憶
- **音**   おく
  - 記憶(기억/きおく) : 어떤 일을 잊지 아니함.
  - 追憶(추억/ついおく) : 옛 일을 생각하여 그리워함.

▶ 臆   가슴 억; 肉 -총17획; 상용한자 이외 한자

- **字源** 「月=肉(고기 육)+意(뜻, 생각 의)」의 형성문자로 생각
  (意)을 가지고 있는 몸뚱이(月=肉)는 「가슴(むね)」이라
  는 뜻이다. 현대표기에서는 「臆」은 상용한자이외한자이
  기 때문에 같은 音인 「憶」으로 바꾸어 표기한다.
- **音**   おく
  ① 심중(心中)으로 추측하다.
  - 臆説(억설)→憶説(おくせつ) : 추측으로 말하는 엉
    터리 의견.
  - 臆測(억측)→憶測(おくそく) : 적당히 내린 추측.
  ② 기가 죽다.

- 臆病一憶病(おくびょう) : 겁이 많은 모양. 겁쟁이.
- **訓**　むね : (명) 가슴.

低　밑 저; 총7획; 교육한자 4학년

- **字源**　「イ=人(사람 인)+氐(밑 저)[11]」의 형성문자로 사람(イ)의 지위가 「낮다(ひくい)」는 뜻이다.

- **筆順**　｜ イ イ´ イ_ イ㇒ 低 低

- **音**　てい
  - 低俗(저속/ていぞく) : 품격이 낮고 속됨.
  - 低質(저질/ていしつ) : 품질이 나쁜 것.

- **訓**　ひくイ : (형) 낮다.

借　빌 차; 총10획; 교육한자 4학년

- **字源**　「イ=人(사람 인)+昔[12](예 석)」의 형성문자로 사람(イ)이 옛날(昔) 사람들의 생활의 지혜를 「빌다(かりる)」는 뜻이다.

- **筆順**　イ イ´ イ㇗ 俳 借 借

- **音**　しゃく・しゃっ
  - 借用(차용/しゃくよう) : 돈이나 물건을 갚기로 하고

---

11) 뿌리(氏) 아래(一)는 밑을 말한다.
12) 昔(예 석)은 날(日)이 자꾸 겹쳐지면 「옛날(むかし)」이 된다는 뜻이다.

빌려 씀.

　　－借金(차금/しゃっきん) : 돈을 꾸는 일 또 그 빚.

・訓　　かりる : (타상1) (금품을)빌다.

【昔을 기본자로 하는 한자가족】

▶　昔　예 석; 日－총8획; 교육한자 3학년

・字源　「卄(이십)＋一(한 일)＋日(해 일)」의 형성문자로 3주(21
　　　　일)가 지나면 벌써 「옛날(むかし)」이다.

・筆順　| 一　卄　艹　苔　昔 |

・音　　せき・じゃく

　　　　－昔日(석일/せきじつ) : 옛날.

　　　　－今昔(금석/こんじゃく) : 지금과 옛적.

・訓　　むかし : (명) 옛날

・훈독숙어　　昔話(むかしばなし) : 옛날이야기.

▶　惜　아낄 석; 心－총11획; 당용한자

・字源　「忄＝心(마음 심)＋昔(예 석)」의 형성문자로 옛날(昔)에
　　　　고마움도 모르게 사용했던 보잘 것 없는 물건도 잃은 뒤
　　　　에는 마음(忄)이 옛날(昔)에 사용했던 것이 자꾸 생각나
　　　　고 아쉽다는 데서 「아깝다(おしい)」는 뜻이다.

- **筆順** 忄 忄ー 忄丷 忄丷 惜 惜

- **音** せき

  - 惜別(석별/せきべつ) : 서로 헤어짐을 아쉬워 함.

  - 哀惜(애석/あいせき) : 슬퍼하고 아까워함.

  - 愛惜(애석/あいせき) : 사랑하고 아낌. 소중히 함.

- **訓** ① おシイ : (형) 아깝다. 아쉽다.

  ② おシム : (타5) 아끼다.

  ＊「金(かね)を~ : 돈을 아끼다」

便 편할 편; 총9획; 교육한자 4학년

- **字源** 「亻＝人(사람 인)＋更(고칠 경{다시 갱}」의 형성문자로 사람(亻)이 잘못을 고치면(更) 「편하다」의 뜻한다. 사람(亻)이 잘못된 아침 대변 습관을 고치면(更) 편하다는 것에서 「똥, 오줌」의 뜻으로도 사용한다.

- **筆順** 亻 仁 佢 佢 便 便

- **音** びん・べん

  ① 소식. 편지.

  - 郵便局(ゆうびんきょく) : 한국은 우체국(郵遞局)

  - 便箋(びんせん) : 편지지.

  ② 똥・오줌

  - 小便(소변/しょうべん)・大便(대변/だいべん)

　　　　　－便秘(변비/べんぴ)・便所(べんじょ)[13]

　　③ 교통수단

　　　　　－航空便(항공편/こうくうべん)

　　④ 편리・간편・손쉬움.

　　　　　－便利(편리/べんり)・不便(불편/ふべん)

　　　　　－簡便(간편/かんべん) : 간단하고 편리함.

・**訓**　　たより : (명) 소식. 편지.

側　겯 측; 총11획; 교육한자 4학년

・**字源**　「亻＝人(사람 인)＋則(법칙 칙)」의 형성문자로 사람(亻)
　　　　은 지킬 법칙(則)을 항상 곁에 두어야 한다는 것에서 「곁
　　　　옆(そば)」이라는 뜻이다.

・**筆順**　| 亻　仴　倶　倶　倶　側 |

・**音**　　そく・そつ

　　　　　－側面(측면/そくめん) : 옆면.

　　　　　－側近(측근/そっきん) : 신분이 높은 사람 곁에 가까이

---

13) 일본에서 화장실이란 표기는 여러 가지를 볼 수가 있다. 초등학교 화장실
　　에는 便所, 시내 공중변소나 식당 등에는 化粧室(けしょうしつ)・「トイレ
　　(toilet)」・「お手洗(てあらい)」, 서양 사람들이 많이 오는 유명한 관광지에는
　　W.C(water closet), 절(한국에서는 근심을 풀어주는 곳이라는 데서 「해우소
　　(解憂所)」라고 한다)이나 神社(じんじゃ) 등에서 「後架(こうか)・御不浄(ご
　　ふじょう)・閑所(かんじょ)・憚(はばか)り・厠(かわや)」, 歌舞伎(かぶき)
　　의 대사에서 雪隠(せっちん) 등을 사용한다. 이 중에서 일본인이 가장 많이
　　사용하는 화장실이라는 어휘는 「トイレ」라고 한다.

있는 사람.

- **訓**　かわ : (명) 곁. 옆.

保　지킬 보; 총9획; 교육한자 5학년

- **字源**　「イ=人(사람 인)+口(입 구)+木(나무 목)」의 회의문자로 사람(イ)의 입(口)은 말 없는 나무(木)처럼 보호해야 하니 「지키다·보호하다(たもつ)」의 뜻이다.

- **筆順**　| イ 亻 亻 仴 仴 保 |

- **音**　ほ·ぼ

  - 保護(보호/ほご) : 돌보고 지켜 줌.

  - 担保(담보/たんぽ) : 맡아서 보증함. 저당.

- **訓**　たもツ : (자타5) 유지되다(하다). 지키다.

備　갖출 비; 총12획; 교육한자 5학년

- **字源**　「イ=人(사람 인)+艹(풀 초)+厂(기슭 엄)+用(쓸 용)」의 형성문자로 사람(イ)은 풀(艹)을 나중에 쓸(用) 때를 대비해서 바위 언덕(厂) 위에 말려 준비해 두다는 뜻이다.

- **筆順**　| イ 亻 俨 備 備 備 |

- **音**　び

  - 準備(준비/じゅんび)·備蓄(비축/びちく)

  - 備品(비품/びひん) : 비치해 두는 물건.

- **訓**　そなエル : (타하1) 대비하다. 준비하다.

▷ **仁**　어질 인; 총4획; 교육한자 6학년

- **字源**　「イ=人(사람 인)+二(두 이)」의 회의문자로 사람(イ) 두
(二) 사람이 서로 상대방을 염려하고 헤아려 주는 것에
서 「어질다」는 뜻이다.

- **筆順**　イ　仁　仁

- **音**　じん · に · にん

　① 사람으로서의 배려. 사랑. 자애.

　　－人徳(인덕/じんとく) : 어진 덕.

　　－仁愛(인애/じんあい) : 어진 마음으로 남을 사랑함.

　　－仁王(인왕/にんのう) : 인덕이 있는 왕

　② 과실의 씨.

　　－杏仁(행인/きょうにん · あんにん) : 살구씨.

　③ 기타

　　－仁王(인왕/におう) : 불법을 지킨다는 두 신(神).

▷ **供**　이바지할 공; 총8획; 교육한자 6학년

- **字源**　「イ=人(사람 인)+共(함께 공)」의 형성문자로 사람(イ=
人)이 어떤 물건을 공손하게 받들어 올리다(共)라는 데
서 「바치다(さしだす · そなえる)」의 뜻이다.

- **筆順**　イ イ 仁 什 世 供 供

- **音**　く・ぐ・きょう

① 바치다(さしだす), 주다(あたえる)

- 提供(제공/ていきょう) : 내놓음.

- 供給(공급/きょうきゅう) : 수요(需要)에 따라 물품을 제공하는 일.↔需要(수요/じゅよう)

② 신이나 부처에게 바치다(そなえる)

- 供物(공물/くもつ) : 불에 바치는 물건

- 供養(공양/くよう) : 부처나 사자(死者)의 영전에 사물을 바쳐 명

- 복을 빔.=回向(えこう)

③ 수행원. 따르는 자

- 供奉(ぐぶ) : 수행함.

- **訓**　そなエル(타하1) : 바치다.

> ## 倹　검소할 검; 총15획; 당용한자

- **字源**　「イ=人(사람 인)+僉(다 첨)의 약자」의 형성문자로 사람(イ)을 다(僉) 모아서 일을 한다는 것은 「비용을 줄이다」는 뜻이다.

- **筆順**　イ 仏 伫 佮 伶 倹

- **音**　けん

- 勤倹(근검/きんけん) : 부지런하고 검소함.

- 倹約(검약/けんやく) : 낭비하지 않음. 비용을 줄임. 절약

- **訓**   つづまヤカ : (형동ダ) 검소함. 간소함.

    *「～な生活(せいかつ) : 간소한 생활」

【僉의 약자를 기본자로 하는 한자】

> **験** 시험할 험; 馬－총18획; 교육한자 4학년

- **字源** 「馬(말 마)+僉(다 첨)의 약자」의 형성문자로 말(馬)을 다 (僉) 모아서 어떤 말이 명마인지 「시험하다(ためす)」는 뜻이다.

- **筆順** | 馬 馿 馿 験 験

- **音** ① 시험하다. 증거를 구하고 확인하다.

    - 試験(시험/しけん) : 문제를 내어 답을 내도록 하 는 일.

    - 実験(실험/じっけん) : 사실 여부를 검사함.

    - 体験(체험/たいけん) : 자기가 실제로 경험함.

    - 経験(경험/けいけん) : 실제로 행하고 견문(見聞) 함.

    - 受験(수험/じゅけん) : 시험을 봄. 시험을 받음.

  ② 사물의 결과로서 나타남. 효능. 영험.

    - 効験(효험/こうけん) : 효력. 효능(効能).

- 訓　① しるし : (명) ⓐ 효능(效能). ⓑ 영험(霊験)
  　　② ためス : (타5) 시험하다.

▶ **検** 검사할 검; 木-총12획; 교육한자 5학년

- **字源** 「木(나무 목)+僉(다 첨)」의 형성문자로 나무(木)를 다
  (僉) 모아서 그 좋고 나쁨을 「조사하다(あらためる·し
  らべる)」의 뜻이다.

- **筆順**　| 才　朴　朳　枠　梌　検 |

- **音**　- 検査(검사/けんさ) : 어떤 일이나 사실의 옳고 그름이
  　　　 나 사물의 좋고 나쁨 따위를 살피거나 조사함.
  　　　- 探検(たんけん) : 실지로 조사함. 위험을 무릅쓰고 조
  　　　 사함.
  　　　＊ 한국에서는 탐험(探險), 일본에서는 「探検·探険」
  　　　　 둘 다 사용하지만 「探検」 쪽을 더 많이 사용한다.

- **訓**　あらたメル : (타하1) 검사하다. 조사하다.

▶ **険** 험할 험; 阝-총11획; 교육한자 6학년

- **字源** 「阝=阜(언덕 부)+僉(다 첨)」의 형성문자로 쌓아올린 둑
  (阝)과 같은 곳에 다(僉) 모이면 대단히 「험악하다(けわ
  しい)」는 뜻이다.

- **筆順**　| 阝　阝ノ　阝ハ　阥　阥　険 |

- **音**   - 保険(보험/ほけん)

   - 危険(위험/きけん)

   - 冒険(모험/ぼうけん)

- **訓**   けわシイ : (형) 가파르다. 험악하다.

> **劍** 칼 검; 刀-총10획; 상용한자

- **字源** 「僉(다 첨)의 약자+刂=刀(칼 도)」의 형성문자로 칼날이

   양쪽 다 (僉) 있는 칼(刂)은 「양날 칼(つるぎ)」이다.

- **筆順**   〈 〉 方 合 僉 劍

- **音**   - 劍術(검술/けんじゅつ) : 칼을 쓰는 기술

   - 劍道(검도/けんどう) : 죽도로 상대방을 찌르거나 쳐

   서 얻은 점수로 승패를 결정하는 운동 경기.

- **訓**   つるぎ : (명) 검. 칼. 양쪽 날.

- **난독**   劍呑(けんのん) : 위험한 모양. 위험.

> **儒** 선비 유; 총16획; 당용한자

- **字源** 「亻=人(사람 인)+需(구할 수)[14]」의 형성문자로 수염(而)

   위에 항상 침(雨)이 젖어 있는 사람(亻)은 말이 많은 「선

---

14) 需(구할 수)는 「雨(비 우 : 침)+而(말 이을 이 : 수염)」의 형성문자로 무엇인
   가 먹고 싶 은 것을 구할 때 입안에서 침(雨)이 나와 수염을 적신다는 것에
   서 구한다는 뜻이다. *需要(수요/じゅよう)

비」이다.

- **筆順**   イ 伊 伊 俘 儒 儒

- **音**   じゅ

  - 儒教(유교/じゅきょう) : 공자가 주장한 유학을 받드
  는 교.

❸ イ(두인변/ぎょうにんべん)

行(갈 행)의 왼쪽 절반 형태로 이루어진 문자로 이와 같은 글자가
생기게 된 것은 기존의 문자의 용도가 부족하게 되자 새로운 문자를
만들 때 원래 있는 글자를 분화시켰기 때문이다.

일본 당용한자표에서 イ部에는

役彼往征待律後徐径徒得従御復循微徴徳徹

와 같이 19자가 수록되어 있다. 行(갈 행)은 별도로 行部에

行術街衝衛衡

와 같이 6자가 수록되어 있다.

【부수한자】

> ### 待 기다릴 대; 총9획; 교육한자 3학년

- **字源** 「彳+寺(절 사)」의 형성문자로 가는(彳=行) 것을 움직이지 못하도록(寺) 하는 형태는「기다리다(まつ)」는 뜻이다.

- **筆順** 彳 彳 彳 彳 彳 待

- **音** たい

  ① 기다리다.
  - 待機(대기/たいき) : 기회를 기다림.
    * 「家(いえ)で~する : 집에서 대기하다」
  - 期待(기대/きたい) : 마음속으로 바람. 예기하여 기다림.
    * 「~はずれ : 기대에 어긋남」

  ② 대접하다(もてなす)
  - 待遇(대우/たいぐう) : 손님을 대접함.
    * 「国賓(こくひん)~ : 국빈 대우」
  - 接待(접대/せったい) : 손님의 시중을 듦.
  - 招待(초대/しょうたい) : 사람을 오게 하여 접대함.
  - 虐待(학대/ぎゃくたい) : 심한 취급을 함. 잔혹하게 대우.

- **訓** まつ : (타5) 기다리다.

- **훈독숙어** 待合室(대합실/まちあいしつ) : 기다리는 곳.

【寺를 기본자로 하는 비한자가족】

기본자 사(寺)를 가지고 있는 자 중에는 일본음이 같은 자「시 (時)·지(持)·시(侍)」도 있지만「시(詩)·대(待)·특(特)·등(等)」 등은 음이 다르다.

▶ **寺** 절 사; 寸 -총6획; 교육한자 2학년

- **字源**

半-当-寺 「土(흙 토)+寸(마디 촌)」의 회의문자이다. 寸 (마디 촌)은 손을 뜻한다. 손(寸) 위에 흙(土) 을 올려놓으면 움직일 수가 없다. 수양하기 위해 한 번 들어가서 움직이지 않는 곳이 절이다. 따라서 이 한자의 뜻은 움직이지 않 다는 뜻으로 생각하면 된다.

- **筆順** 十 土 圭 寺 寺

- **音** じ

  - 寺院(사원/じいん) : 절. 사찰

  - 仏寺(불사/ぶつじ) : 절. 사원(寺院)

- **訓** てら : (명) 절. 사원.

- **훈독숙어** - 尼寺(あまでら) : 여승이 사는 절.

    - 山寺(산사/やまでら) : 산중의 절.

▶ **時** 때 시; 日-총10획; 교육한자 2학년

- **字源** 「日(해 일)+寺」의 형성문자로 태양(日)이 움직이지 않을 (寺) 때는 시간이다. 옛날 중국인은 1시, 2시, 3시, 4시… 에서는 「시간」이 멈추는 것으로 생각하였다.

- **筆順** 日　日ー　日士　日士　時　時

- **音**　じ

  ① 시간이 경과해 가는 일각일각

  　- 時代(시대/じだい) : 역사상 일정한 표준에 의하여 구분된 기간.

  　- 時刻(시각/じこく) : 시간의 흐름의 어느 한 점.

  ② 그때(そのとき)

  　- 時事(시사/じじ) : 그때그때의 사회에서 생기는 일.

  　- 時下(시하/じか) : 요즘. 지금. 목하.

  　- 時価(시가/じか) : 그때의 시세.

- **訓**　とき : (명) ⓐ때. ⓑ시간. 시각.

- **난독**　- 時雨(しぐれ) : 늦가을에서 겨울에 걸쳐 오는 비.

  　- 時化(しけ) : 센 비바람으로 바다가 걸치어 짐. ↔凪 (なぎ) *「～になる : 바다가 거칠어지다」

  　- 時計(시계/とけい)

  　- 時鳥(ほととぎす) : 두견새.

持 가질 지; 手-총9획; 교육한자 3학년

- **字源** 「扌=手(손 쑤)+寺」의 형성문자로 손(扌)으로 움직이지 못하도록(寺) 하는 것은 「손에 쥐다. 가지다(もつ)」는 뜻 이다.

- **筆順** 扌 扌 扌 扌 持 持

- **音** じ
  - 持参金(지참금/じさんきん) : 결혼 때. 신랑이나 신부 가 자기 집에서 가지고 가는 돈.
  - 持続(지속/じぞく) : 끊임없이 계속함.

- **訓** もツ : (타5)
  ① 손에 쥐다.
  　*「箸(はし)を~ : 젓가락을 쥐다」
  ② 가지다. 소유(所有)하다.
  　*「不動産(ふどうさん)を~ : 부동산을 소유하다」
  ③ 맡다. 담당하다.

侍 모실 시; 人-총8획; 당용한자

- **字源** 「イ(사람 인)+寺」의 형성문자로 사람(イ)이 자기가 섬기 는 주군(主君) 곁에서 그림자처럼 움직이지 않고(寺) 지 키는 자는 「무사(さむらい)」이다.

- **筆順** イ イ 侍 侍 侍 侍

- 音　じ
    - 侍女(시녀/じじょ) : 시중드는 여자.
    - 侍從(시종/じじゅう) : 군주 가까이에서 시중 듦. 또 그 사람.
- 訓　さむらい : (명) 무사(武士).

▶ 詩　시 시; 言-총13획; 교육한자 3학년

- 字源　「言(말씀 언)+寺(절 사)」의 형성문자로 말(言)이 앞으로 잘 움직이지 않는(寺) 것은 「시(詩)」이다. 시를 쓴 적이 있는 사람은 이 말을 이해할 것이다.
- 筆順　　日　日￣　昨　昨　時　時
- 音　し(감동을 운율에 의해서 표현한 문예)
    - 詩人(시인/しじん) : 시적인 감정·정신을 가지고 있는 사람.
    - 詩情(시정/しじょう) : 느낀 바를 시로 쓰고 싶은 마음.
    　＊「～がわく : 시정이 우러나오다」
    - 詩歌(시가/しいか)

▶ 特　특별할 특; 牛-총10획; 교육한자 4학년

- 字源　「牛(소 우) + 寺(절 사)」의 형성문자로 소(牛) 중에서 움직이지 않는(寺) 소는 특별한 소, 즉 「씨받이 소(たねう

し : 소의 개량·번식을 위하여 기르는 황소)」를 말하는
것에서「특별하다」는 뜻이다.

- **筆順** 牛 牛⁻ 牛⁺ 牛± 特 特
- **音**　とく

　　- 特別(특별/とくべつ) : 보통과 다름.
　　- 特殊(특수/とくしゅ) : 보통과 달라 특별함.
　　- 特種(특종/とくしゅ) : 특별한 종류.
　　- 特技(특기/とくぎ) : 특별한 기능.
　　- 独特(독특/どくとく) : 특별나게 다른 모양.

▶　**等**　무리, 가지런할 등; 竹-총12획; 교육한자 3학년

- **字源**　「竹(대 죽)+寺(절 사)」의 형성문자로 대나무(竹)가 움직
이지 않는다(寺)는 것은 옛날 종이가 없었던 시절에 문
서를 대나무에다 붓으로 적어 보관하였다. 이때 대나무
(竹)에 쓴 것 중에서 같은 분류의 문서는 섞이지 않도록
(움직이지 않도록 : 寺) 묶어 보관하였다는 데서「같은
것, 무리」등의 뜻이다.

- **筆順** 竹 竺 笠 笙 等 等
- **音**　とう

　　① 같다. 차가 없다(ひとしい)
　　　- 均等(균등/きんとう) : 같음. 평등.
　　　＊「機会(きかい)～ : 기회 균등」

　　　　- 対等(대등/たいとう) : 쌍방이 서로 같음.

　　　　- 平等(평등/びょうどう) : 모두가 똑같이 차별이 없음.

　　　② 등급. 순위

　　　　- 等級(등급/とうきゅう) : 상하의 구별을 나타내는
　　　　　단계.

　　　　- 優等(우등/ゆうとう) : 다른 사람보다 월등하게 성
　　　　　적 · 등급이 나음.←劣等(열등/れっとう)

・訓　　① ひとしい : (형) 서로 같다. 동일하다.

　　　② など : (부조) 예시(例示)의 뜻을 나타내는 말. 따위. 등.

　　　　＊「鉛筆(えんぴつ)～を買(か)った : 연필 따위를 샀
　　　　　다」

　　　③ ら : (접미) 명사 · 대명사에 붙어 복수(複数)를 나타
　　　　내는 말. 등. 들.

　　　　＊「こども～ : 아이들」

・난독　等閑(なおざり) : (명 · 형동ダ) 소홀, 등한.

　　　　＊「勉強(べんきょう)を～にしていけない : 공부를 등한히 해서는 안
　　　　　된다」

▷　**徒**　무리 도; 총10획; 교육한자 4학년

・字源　徒(무리 도)는 「彳+走(달릴 주)[15]」의 형성문자로 걷거나

---

15)「흙 토(土) + 발 필(龰)=走」의 회의문자이다. 흙(土) 위를 발(龰)로 박차고 뛰
　어간다는 데서 「달리다」라는 뜻으로 사용한다.

(彳)나 달리는(走)는 「무리」[16]나 「걷다」[17]는 뜻이다.

- **筆順** 彳 彳 彳 彳 徒 徒
- **音**   と

① 도보(かち)

　- 徒步(도보/とほ) : 탈것을 타지 않고 걸어서 감.

② 아무 것도 가지지 않는다. 아무 것도 하지 않는다.

　- 徒手体操(도수체조/としゅたいそう) : 맨손체조.

　- 無爲徒食(무위도식/むいとしょく) : 아무 일도 하

　　지 않고 빈둥대며 놀고 지냄.

③ 제자(でし)

　- 徒弟(도제/とてい) : 어려서부터 스승에게서 직업

　　에 필요한　지식이나 기능을 배우는 직공.

　- 門徒(문도/もんと) : 이름난 학자의 사문에 있는

　　제자.

　- 生徒(생도/せいと) : 중등학교 이하의 학생을 이르

　　던 말.

　- 信徒(신도/しんと) : 특정한 종교를 믿는 사람.

　- 仏教(불교도/ぶっきょうと) : 불교 신자.

④ 무리(なかま)

　- 暴徒(폭도/ぼうと) : 난폭한 행동으로 소란을 일으

　　켜 질서를 문란하게 하는 무리.

---

16) 信徒(신도/しんと) : 특정한 종교를 믿는 무리.
17) 徒步(도보/とほ) : 탈 것을 타지 않고 걸어감.

- **訓**　あだ : (명) 허사. 헛것. 보람 없음.

▷ **往** [18)]　갈 왕; 총8획; 교육한자 5학년

- **字源**　「彳+主(주인 주)」의 형성문자로 걸어서(彳) 주인(主)에게 「가다(いく)」는 뜻이다.

- **筆順**　

- **音**　おう

　　-右往左往(우왕좌왕/うおうさおう)올바른 방향을 잡거나 차분한 행동을 취하지 못하고 이리저리 왔다 갔다 함.

　　-往診(왕진/おうしん) : 의사가 자기 병원 밖의 환자가 있는 곳에 가서 진찰함.

　　-往復(왕복/おうふく) : 갔다가 돌아옴.

　　-往来(왕래/おうらい) : 오고가고 함.

- **訓**　いヌ : (고어) 떠나다. 가다.

---

18) 主(주인 주)는 촛대(王) 위에 촛불이 타고 있는 모양을 나타낸 상형문자로 촛대의 촛불이 방안의 가운데 있다하여 「주인(あるじ)」의 뜻이다. ＊主人(주인/しゅじん)
注(물 댈 주)는 「氵=水(물 수)+主(주인 주)」의 형성문자로 물(氵)을 주류(主)에서 끌어 당겨서 「붓다・따르다(そそぐ)」의 뜻이다. ＊注油(주유/ちゅうゆ)
柱(기둥 주)는 「木+主(주인 주)」의 형성문자로 집의 중심(主)이 되어 집을 지탱하는 나무(木)는 「기둥(はしら)」이라는 뜻이다. ＊電柱(전주/でんちゅう)
住(살 주)는 「亻+主(주인 주)」의 형성문자로 사람(亻)이 주로(主) 살고 있는 곳이니 「살다(すむ)」는 뜻이다. ＊住宅(주택/じゅうたく)

4 忄(심방변/りっしんべん)

忄忄-心 心(마음 심; 心-총4획; 교육한자 2학년)은 심장의 모습을 본 뜬 상형문자이다. 합체자(형성문자)를 만들 때 왼쪽에 붙여서 부수(部首)로서 사용할 때는 「忄」로 「심방 변/りっしんべん」이라고 하는데, 마음에서 일어나는 행동, 모양, 느낌 등을 나타내는 한자에 사용한다.

일본 당용한자표에서 心部에는

心必忌忍志忘忙忠快念怒怖思怠急性怪恆恐恥恨恩恭息悦悔悟
患悲悼情惑惜惠悪惰悩想愁愉意愚愛感慎慈態慌慕惨慢慣慨慮慰
慶憂憎憤憩憲憶憾懇応懲懐懸恋

와 같이 69자가 수록되어 있다.

【부수한자】

▷ **快** 쾌할 쾌; 총7획; 교육한자 5학년

- **字源** 「忄+夬(터질 쾌)[19]」의 형성문자로 마음(忄)이 한쪽으로 터지니(夬) 「상쾌하다(こころよイ)」는 뜻이다.

- **筆順** ハ 忄 忄 忙 快 快

---

19) 央(가운데 앙)에서 왼쪽이 터져 있는 모습

- •音　　かい

　　① 기분이 좋다(こころよい・さっぱりする)

　　　- 快感(쾌감/かいかん) : 상쾌하고 유쾌한 느낌.

　　　- 快楽(쾌락/かいらく) : 즐거움.

　　　- 欣快(흔쾌/きんかい) : 기쁘고 유쾌함.

　　　- 愉快(유쾌/ゆかい) : 즐겁고 상쾌함.

　　② 빠르다(はやい).

　　　- 快走(쾌주/かいそう) : 매우 빨리 달림.

- •訓　　こころよイ : (형) 상쾌하다. 유쾌하다. 기분 좋다.

▷ 性　성품 성; 총8획; 교육한자 5학년

- •字源　「忄+生(날 생)」의 형성문자로 마음(忄)이 태어나면서 (生)부터 생긴 것이니 「성품」이라는 뜻이다.

- •筆順　　忄 忄 忄 忭 忰 性

- •音　　せい・しょう・じょう

　　① 태어날 때부터 가지고 있던 천성, 성질(さが・たち)

　　　- 性分(성분/しょうぶん)/根性(근성/こんじょう)

　　　- 性質(성질/せいしつ)/天性(천성/てんせい)

　　② 사물의 특질이나 경향.

　　　- 性能(성능/せいのう) : 기계의 성능과 능력.

　　　- 急性肺炎(급성폐렴/きゅうせいはいえん)

　　③ 남녀의 성별.

- 性別(성별/せいべつ)/性欲(성욕/せいよく)
- 男性(남성/だんせい)↔女性(여성じょせい)

▷ **慣** 버릇 관; 총14획; 교육한자 5학년

- **字源** 「忄+貫(꿸 관)[20] 毌(꿰뚫을 관)+貝(조개 패)」의 형성문자로 마음(忄)을 꿰어서(貫) 버리지 못하는 것이 「버릇·습관」이다.

- **筆順** 忄 忄 忄口 忄罒 忄罒 慣

- **音** かん
  - 慣例(관례/かんれい) : 습관이 된 전례.
  - 慣行(관행/かんこう) : 관례가 되어 행함.
  - 習慣(습관/しゅうかん) : 풍습. 버릇. 관례.

- **訓** なレル : (자하1) 익숙해지다.

- **보조설명**

「なれる」는 뜻에 따라서 4개의 한자를 사용하고 있다.
  - 慣(버릇 관)
  - 馴(길들 순)
  - 狎(익숙할 압)
  - 熟(익을 숙)

---

20) 「毌(꿰뚫을 관)+貝(옛날 화폐를 뜻하는 조개 패)」의 회의문자로, 옛날 엽전 (돈)을 꿰어 묶은 것을 뜻함. 나아가 돈의 무게가 일정하므로 무게의 단위로 사용함. 1貫=3.75kg

첫 번째의 「慣(な)れる」는 「경험에 의해서 습관이 되다」는 뜻으로 「新(あたら)しい環境(かんきょう)に慣(な)れる：새로운 환경에 익숙해지다」와 같이 사용하고, 또 「숙달되다」는 뜻으로 「運転(うんてん)に慣(な)れる：운전에 숙달되다」와 같이 사용한다.

두 번째의 「馴(な)れる」는 동물 등이 인간에게 「친숙해져서 따르다」는 뜻으로 「人間(にんげん)に馴(な)れた犬(いぬ)：인간에게 친숙한 개」와 같이 사용한다.

세 번째의 「狎(な)れる」는 「지나치게 친해서 예의를 잃어버리다」는 뜻으로 「部下(ぶか)が上司(じょうし)に狎(な)れる；부하가 상사에게 버릇없이 굴다」와 같이 사용한다.

네 번째의 「熟(な)れる」는 앞에서 본 3개의 「なれる」의 뜻과는 다른 뜻으로 사용한다. 원료가 잘 혼합이 되어 좋은 맛을 내다는 「잘 익다·맛 들다」 뜻으로 「よく熟(な)れた味噌(みそ)；잘 맛이 든 된장」과 같이 사용한다.

그러면 아래의 표기에서 틀린 부분을 고쳐 주세요.

「面白(おもしろ)いがある」と慣れ慣れしく声をかける者(もの)の相手(あいて)にならないよう充分(じゅうぶん)ご注意(ちゅうい)下(くだ)さい.

「재미있는 소문이 있다」고 허물없이 말을 거는 사람의 상대가 되지 않도록 충분히 주의해 주세요.

여기에서 「慣(な)れる」는 「경험하거나 숙달되다」는 뜻이 아니고, 남에게 친숙하게 보이려고 하거나 허물없는 태도를 하는 것으로 「馴れ馴れしい」 또는 「狎れ狎れしい」라고 적어야 한다.

그 다음은 「充分」은 틀린 것이 아니다. 「充分」은 旧 표기이고, 「十分」은 신 표기로 지금은 주로 「十分」를 사용한다. 우리나라에서 충분하다고 할 때 「充分」이라는 한자를 사용해야 하지만 일본에서는 「十分」라고 적고 발음은 「じゅうぶん」이라고 말한다. 「十分」이라고 적고 「じっぷん」 또는 「じゅっぷん」라고 발음하면 시간이 10분이라는 뜻이다.

▷ 忙 　바쁠 망; 총6획; 당용한자

- **字源**　「忄+亡(잃을, 달아날, 망할, 죽을 망)」의 형성문자로 마음(忄)을 잃어(亡)버리면 정신없이 「바쁘다(いそがしい)」는 뜻이다.

- **筆順**　| ㇔ 忄 忄゛忙 忙 |

- **音**　ぼう
  - 多忙(다망/たぼう) : 매우 바쁨.
  - 忙中閑(망중한/ぼうちゅうかん) : 바쁜 가운데서도 한가한 틈.

- **訓**　いそがシイ : (형) 바쁘다.

【亡을 기본자로 하는 한자가족】

▶ 亡 　잃을 망; 亠 -총3획; 교육한자 6학년

- **字源**　상자에 물건을 넣고 뚜껑을 했는데 한쪽 면을 없애 버리면 안에 물건을 「잃다(なくす)」는 뜻이다.

- 筆順 `' 亠 亡`

- 音 ぼう

  ① 사라져 없어지다.

  - 亡命(망명/ぼうめい) : 정치적 이유 등으로 본국에
    서 외국으로 도망하는 일.

  ② 멸망하다(ほろびる).

  - 亡国(망국/ぼうこく) : 망하여 없어진 나라.

  - 滅亡(멸망/めつぼう) : 망하여 없어지는 일.

  ③ 죽다(死ぬ).

  - 亡霊(망령/ぼうれい) : 죽은 사람의 넋. 유령(幽霊).

  - 死亡(사망/しぼう) : 죽음.

  ④ 도망가다(にげる).

  - 逃亡(도망/とうぼう) : 쫓기어 달아남.

- 訓 ① なクス : (타5) 여의다. 잃다. 여의다, 잃다죽다.

  ② ほろビル : (자상1) 망하다. 멸망하다.

  ③ ほろボス : (타5) 멸망시키다.

▶ **忘** 잊을 망; 心-총7획; 교육한자 6학년

- 字源 「亡(잃을 망)+心(마음 심)」의 형성문자로, 잃은(亡) 마
  음(心)이란 마음속에 간직하고 있던 것을 「잊다(わすれ
  る)」의 뜻이다.

- 筆順 `' 亠 亡 忘 忘`

- 音　ぼう
  - 忘却(망각/ぼうきゃく) : 잊어버림.
  - 健忘症(건망증/けんぼうしょう) : 기억력이 장해를 받아 어떤 기간 중의 경험을 잘 기억할 수 없는 증세.
- 訓　わすレル : (타하1) 잊어버리다.
  - *「恩(おん)を~ : 은혜를 잊다」

▶ **妄** 허망할 망; 女-총6획; 상용한자

- 字源　「亡(잃을 망)+女(여자 녀{여})」의 형성문자로, 정신을 잃은(亡) 여자(女)는 「망령」이다.
- 筆順　｜ 亠 亡 亡 妄 妄
- 音　もう・ぼう
  - 妄言(망언/ぼうげん・もうげん) : 망령된 말. 도리에 맞지 않는 말.
  - 虚妄(허망/きょもう) : 허망된 것. 미신.
  - 妄想(망상/もうそう) : 사실 또는 진실이 아닌 것을 상상해서, 사실처럼 믿는 생각.
  - *「誇大(こだい)~ : 과대망상」

▶ **望** 바랄 망; 月 -총11획; 교육한자 4학년

- 字源　「亡(잃을 망)+月(달 월)+王(임금 왕)」의 형성문자로 없

어져(亡) 버린 달(月)이 다시 뜨기를 임금(王)은「간절히 바라다」의 뜻과 사라져(亡) 버린 달(月)이 다시 뜨기를 임금(王)은「멀리 바라보다」의 뜻도 있다.

- **筆順** ＾ 亡 亡刀 亡月 亡里 望

- **音** ぼう・もう

  ① 멀리 보다.

  - 望遠鏡(망원경/ぼうえんきょう)

  - 展望(전망/てんぼう)

  ② 바라다(ねがう)

  - 熱望(열망/ねつぼう) : 열렬하게 바람.

  - 羨望(선망/せんぼう) : 부러워함.

    *「〜の的(まと)となる : 선망의 대상이 되다」

  - 所望(소망/しょもう) : 바람. 소원(所願).

- **訓** のぞむ : (타5)

  ⓐ 멀리서 바라보다.

  ⓑ 원하다. 바라다. 기대하다.

5 扌(손수변/てへん)

手(손 수; 교육한자 1학년)는 다섯 손가락을 편 모양을 본떠 만들 상형문자이다. 합체자를 만들 때 왼쪽에 붙여서 부수(部首)로서 사용할 때는「扌」로「손수 변/

てへん」이라고 하고, 손[21]으로 하는 여러 가지 동작 「잡는다, 던진다, 두드린다, 꺾다, 당기다」 따위의 뜻을 나타내는 한자에 사용한다.

일본 당용한자표에서 手部에는

手才打扱扶批承技抄抑投抗折抱抵押抽払拍拒拓抜拘拙招拝括
拷拾持指振捕捨掃授掌排掘掛採探接控推措描提揚換握掲揮援損
揺捜搬携搾摘摩撤撮撲擁択撃操担拠擦挙擬拡摂

와 같이 83자가 수록되어 있다. 手部에 속하는 한자는 한자 부수 분류에서 5번째로 많이 수록되어 있다. 여기서 보면 형성문자를 만들 때 좌측의 변(へん)으로 사용할 때는 「扌」로 사용하지만, 아래에 붙을 때는 「扌」가 아니고

承(받들 승)/掌(손바닥 장)/摩(갈 마)/擊(부딪칠 격)/擧(들 거)

와 같이 手로 사용한다.

【부수한자】

| 打 | 칠 타; 총5획; 교육한자 3학년 |

---

21) 손으로 하는 동작이나 행위를 나타내는 부수는 반드시 手나 「扌」만이 아니다. 오 른손을 본뜬 상형문자 又(오른손 우)라는 부수도 있다. * 取(취할 취; 又-총8획)

- **字源** 「扌+丁(못 정)」의 형성문자로 손(扌)에 망치를 들고 못 (丁)을 「치다(うつ)」의 뜻이다.

- **筆順**

一	十	扌	扩	打

- **音** だ

  - 打撃(타격/だげき) : 때려 침.
  - 打者(타자/だしゃ) : 야구에서 방망이를 가지고 타석 에서 공을 치는 선수

- **訓** うツ : (타5) 치다. 때리다.

投 던질 투; 총7획; 교육한자 3학년

- **字源** 「扌+殳(창 수)」의 형성문자로 손(扌)으로 창(殳)을 「던 지다(なげる)」의 뜻이다.

- **筆順**

一	十	扌	扩	投	投

- **音** とう

  ① 던지다(なげる)

    - 投球(투구/とうきゅう) : 야구 따위에서, 공을 던 짐.
    - 投稿(투고/とうこう) : 신문사나 잡지사 등에 써서 보냄.
    - 投手(투수/とうしゅ) : 야구에서 공을 던지는 사람.
    - 投石(투석/とうせき) : 돌을 던짐.

  ② 들어맞다(あてはまる)

- 意気投合(의기투합/いきとうごう) : 품고 있는 마
음이나 뜻이 서로 잘 맞음
- 投機(투기/とうき) : 기회를 틈타서 큰 이익을 얻
으려 함.

- **訓**　なゲル : (타하1) 던지다.

【殳를 기본자로 하는 비한자가족】

▶ **役** 부릴 역; 彳 -총7획; 교육한자 3학년

- **字源**　「彳+殳(창 수)」의 형성문자로 가서(彳) 쳐서(殳)을 사람
을 「부리다」의 뜻이다.

- **筆順**　｜ ´ 彳 彳 彳′ 役 役 役 ｜

- **音**　やく
- 役人(역인/やくにん) : 공무원. 관리.
- 役職(역직/やくしょく) : 담당 임무.

▶ **殺** 죽일 살; 殳 -총11획; 교육한자 4학년

- **字源**　「十(열 십)의 변형+木(나무 목)+殳(창 수)」의 열(十) 번
나무(木)로 쳐서(殳) 「죽이다(ころす)」는 뜻이다.

- **筆順**　｜ ㄨ 矛 柔 殺 殺 殺 ｜

- **音**　さい · さつ · さっ · せつ

- 相殺(상쇄/そうさい) : 서로 비김.

- 殺人(살인/さつじん) : 사람을 죽임.

- 殺菌(살균/さっきん) : 세균을 죽임.

- 殺生(살생/せっしょう) : 짐승이나 사람을 죽임.

- **訓**　　ころス : (타5) 죽이다.

▶ **設**　베풀 설; 言 −총11획; 교육한자 5학년

- **字源**　「言+殳(창 수)」의 형성문자로 말(言)로 치며(殳) 자기의 주장을 내세우고 「베풀다(もうける)」의 뜻이다.

- **筆順**　｜ 亠 言 言 訃 設

- **音**　　せつ・せつ

　　　　- 設立(설립/せつりつ) : 회사나 기관을 새로 만들어 세움.

　　　　- 設計(설계/せっけい) : 계획을 세움.

- **訓**　　もうケル : (타하1)

　　　　ⓐ 베풀다. 마련하다. ⓑ 만들다. 설치하다.

▶ **段**　층계 단; 殳 −총9획; 교육한자 6학년

- **字源**　「厓(언덕 애)의 변형+殳(창 수)」의 형성문자로 언덕(厓)을 쳐서(殳) 만든 것이니 「계단. 차례」라는 뜻이다.

- **筆順**　′ 亻 乍 乍 旸 段

- ·音　だん
    - 階段(계단/かいだん) : 오르내릴 수 있도록 만든 설비.
    - 段階(단계/だんかい) : 등급. 순서.

疫　전염병 역; 疒 –총9획; 당용한자

- ·字源　「疒+殳(창 수)」의 형성문자로 병(疒)이 창(殳)을 들고
  쳐들어오듯 빨리 전염되니 「전염병」이라는 뜻이다.
- ·筆順　| 亠 疒 疒 疒 疒 疫 疫 |
- ·音　えき · やく
    - 疫病(역병/えきびょう · やくびょう) : 전염병.

指　손가락 지; 총9획; 교육한자 3학년

- ·字源　「扌+旨(맛있을지)[22]」의 형성문자로 손(扌)으로 맛(旨)
  을 볼 때 사용하는 부분은 「손가락(ゆび)」이다.
- ·筆順　| 扌 扌 扞 指 指 |
- ·音　し
    ① 손가락(ゆび)
    - 指圧(지압/しあつ) : 손이나 손가락 따위로 누르거

---

[22] 旨(맛있을 지; 당용한자)는 「匕(비수 비)+日(해 일)」의 회의문자로 햇빛(日)
을 듬뿍 받아 잘 익은 과일을 칼(匕)로 잘라 맛을 보니 「맛있다(うまい)」는 뜻
이다. ＊趣旨(취지/しゅし) : 뜻.

　　　　나 두드림.

　　② 가리키다(ゆびさす)

　　　　-指示(지시/しじ) : 어떤 일을 일러서 시킴.

　　　　-指名(지명/しめい) : 특정한 이름을 지정.

　　指導(지도/しどう) : 가르치어 이끎

　　指南(しなん) : (무예 등을) 지도함.

- **訓**　① ゆび : (명) 손가락.

　　　　② さス : (타5) 가리키다.

▷ 技　재주 기; 총7획; 교육한자 5학년

- **字源**　「扌=手(손 수)+支(가를, 다룰지)」의 형성문자로 손(扌)
　　　으로 다루는(支)능력이 뛰어나니 「기술. 재주(わざ)」라
　　　는 뜻이다.

- **筆順**　| 十 扌 扌 扩 拃 技 技 |

- **音**　ぎ

　　　-演技(연기/えんぎ)/技巧(기교/ぎこう)/技術(기술/ぎ
　　　　じゅつ)

　　　-技能(기능/ぎのう)/競技(경기/きょうぎ)

- **訓**　わざ : (명) 기술. 재주.

【支를 기본자로 하는 한자가족】

▶ 支 가를 지; 支 -총4획; 교육한자 5학년

- 字源 「十(열 십)+又(또 우 : 오른 손을 뜻함)」의 회의문자로
  많은(十) 것을 손(又)으로 「가르다. 지탱하다(ささえ
  る)」의 뜻이다.

- 筆順 一 十 少 支

- 音 し
  - 支店(してん) : 분점.
  - 支柱(지주/しちゅう) : 받침대.

- 訓 ささエル : (타하1) 지탱하다. 떠받치다.

▶ 枝 가지 지; 木 -총8획; 교육한자 5학년

- 字源 「木(나무 목)+支(가를지)」의 형성문자로 나무(木)에서
  갈라져(支) 나온 「가지(えだ)」를 뜻한다.

- 筆順 オ オ オ 枝 枝

- 音 し·じ
  - 枝葉(지엽/しよう) : 가지와 잎.
  - 楊枝(ようじ) : 이쑤시개.

- 訓 えだ : (명) 가지.

- 훈독숙어 枝豆(えだまめ) : 풋콩.

授 줄 수; 총11획; 교육한자 5학년

- **字源** 「扌=手(손 수)+受(받을 수)」의 형성문자로 손(扌)으로
  받도록(受)「주고 가르치다」는 뜻이다.

- **筆順** | 扌 扩 扩 护 挐 授 |

- **音** じゅ

  - 教授(교수/きょうじゅ) : 대학에서 학생을 가르치는
    사람.
  - 授業(수업/じゅぎょう) : 학문이나 기술을 가르침.
  - 授与(수여/じゅよ) : 증서나 상장을 줌.
  - 伝授(전수/でんじゅ)[23] : 지식이나 기술 등을 남에게
    전하여 줌.

- **訓** さずケル : (타하1) 주시다.

損 덜 손; 총13획; 교육한자 5학년

- **字源** 「扌=手(손 수)+員(사람 원)[24]」의 형성문자로 손(扌)을
  써서 인원(員)을「덜어내다」는 뜻이다.

- **筆順** | 扌 扩 扩 捐 捐 損 |

- **音** そん

---

23) 伝受(でんじゅ) : 기술이나 지식 따위를 남에게서 전하여 받음.
24)「口(입 구)+貝(조개 패)」의 형성문자로 입(口)으로 먹고 살기 위해서 재물
   (貝)을 받고 일하는「사람」이라는 뜻이다. * 公務員(공무원/こうむいん)

- 欠損(결원/けっそん) : 일정하게 정해져 있는 인원수에 차지 않고 빔.
- 減損(감손/げんそん) : 조직이나 기관의 사람 수를 줄임.
- 損害(손해/そんがい) : 본디보다 줄어지거나 나빠짐.
- 損失(손실/そんしつ) : 감소하거나 잃어 버려 입은 손해.
- 損耗(소모/そんもう) : 써서 없앰.
- 破損(파손/はそん) : 물건을 깨뜨려 못 쓰게 만듦

- **訓** そこナウ : (타5) 파손하다. 부수다.

> ## 批 비평할 비; 총7획; 교육한자 6학년

- **字源** 「扌(손 수)+比(견줄 비)[25]」의 형성문자로 두 사람을 나란히(比) 앉아 놓고 손(扌)가락으로 가리키며 「비평하다」는 뜻이다.

- **筆順** | 扌 | 扌 | 扌 | 扌 | 批 | 批 | 批 |

- **音** ひ
  - 批判(비판/ひはん) : 잘못된 점을 지적하여 부정적으로 말함.
  - 批評(비평/ひひょう) : 어떤 대상에 대하여 우열 등을 평가하여 논함.

---

25) 두 사람을 나란히 앉아 놓고 서로 견주다.

▷ **捨** 버릴 사; 총11획; 교육한자 6학년

- **字源** 「扌=手(손 수)+舍(집 사)[26]」의 형성문자로 손(扌)에 쓰레기를 들고 집(舍) 밖으로 「버리다(すてる)」는 뜻이다.

- **筆順** | 扌 扩 扲 拴 捨 捨 |

- **音** しゃ

  - 四捨五入(사사오입/ししゃごにゅう) : 일정한 자릿수를 기준으로 4까지는 버리고 5부터 위 단위로 올리는 것.

  - 取捨選択(취사선택/しゅしゃせんたく) : 여럿 가운데서 쓸 것은 골라 쓰고 버릴 것은 버림.

- **訓** すテル : (자하1) 버리다.

6 氵(삼수변/さんずい)

| 氵-氵-氺-水 | 물은 강 천(川)에 있다. 이 강(川)에 있

는 물을 가정의 수도(水道)로 사용하기 위하여 멈추게 하면 수압에 의해서 천(川)의 종서(縱書) 3획이 모두 튀어 오르는데, 3획 중에서 좌우(左右)는 많이 구부러지고, 중앙(中央)은 조금 삐치게 되는 모습을 본뜬 상형문자이다. 왼편에 부수(部首)로서

---

26) 「八(지붕)+土(흙)+口(토대)」 즉 터(口)를 파서 흙벽(土)을 만들고 지붕(八)을 한 것 즉, 「집」이라는 뜻이다.

사용할 때는 「氵」로 「삼수 변/さんずい」이라고 말한다. 이 部首에 속하는 한자는 한자 부수 분류에서 두 번째로 많이 수록되어 있다.

일본 당용한자표에서 水部에는

水氷永求汗汚江池決汽沈没沖河沸油治沼沿況泉泊泌法波泣注
泰泳洋洗津活派流浦浪浮浴海浸消涉液涼淑涙淡浄深混清浅添減
渡測港渇湖湯源準温溶滅滋滑滞滴満漁漂漆漏演漢漫漸潔潜潤潮
渋澄沢激濁濃湿済濫浜滝瀬湾

와 같이 1850자 중에서 약 5%에 해당하는 95자가 수록되어있고, 『説文解字』9353자 중에 468자가 수록되어 있다. 5만 3000자가 수록된 大漢和辞典에서는 약 1816자가 수록되어 있다.

위에서 보면 대부분 물과 관련된 것으로 물의 이름, 모양, 흐름, 연못, 강, 웅덩이, 물로 이루어지는 모든 현상을 나타내는 한자에 사용하고 있다. 하지만 얼른 보면 물과는 관련이 없는 한자도 있다.

예를 들면 法(법 법)은 어휘 사용을 보면

法学(법학/ほうがく)
司法(사법/しほう)
遵法(준법/じゅんぽう)
法治(법치/ほうち)
法則(법칙/ほうそく)

와 같이 전부 법률 또는 방법을 뜻하고 있지 물과는 전혀 관계가 없다. 그러나 法이라는 것은 추상적이지만 물(氵)이 흘러가듯(去 : 갈 거) 순리에 맞아야 하는 것이 법이 아닐까? 이외에도 이유를 모르는 한자도 있다.

예를 들면 漢(한수 한)은

漢字(한자/かんじ)
漢文(한문/かんぶん)
漢詩(한시/かんし)

에서와 같이 전부 중국과 관련된 뜻이라는 것이다. 왜 중국이라는 뜻으로 사용되고 있는가? 漢나라는 유방이 진시황이 세운 진나라를 무너뜨리고 세운 나라로 중국을 통일한 두 번째의 나라이다. 이 漢나라야말로 고대 중국을 대표하는 가장 강력한 나라로 오랫동안 중국을 지배한 왕조이기 때문에 중국을 대표하는 말로 쓰이고 있다. 그런데 이 왕조가 세워진 곳이 바로 양자강 유역인데 물(氵)과 진흙(堇)이 많았던 곳이었기 때문이다. 漢이라는 한자는 물을 나타내는 부수 氵에 뜻과 음(かん・だん)을 나타내는 音符인 堇(진흙 근; 土-총11획)의 변형자를 합친 형성문자로 원래는 하천의 명칭을 나타내는 말이다. 하천의 명칭이었던 것이 왕조의 이름으로 사용되었고, 그것이 다시금 중국이라는 나라의 문화나 산물을 총칭하는 말로 사용되었다. 그리고 이 하천은 유방이라는 장수(사내)가 입신출세를 할 수가 있었던 곳이다. 따라서 이 한자는 사내(オトコ)라는 뜻으로 사용되었는데 사내를 흉하게 부르는 말에 접미어로 사용한다.

怪漢(괴한/かいかん) : 행동이나 차림새가 이상한 사내.

痴漢(치한/ちかん) : 여자를 희롱하는 사내.

無頼漢(무뢰한/ぶらいかん) : 일정하게 하는 일도 없이 떠돌아 다니
며 나쁜 짓을 하는 사내.

熱血漢(열혈한/ねっけつかん) : 혈기가 왕성하고 열렬한 의기를 가
진 사람.

그리고 酒(술 주; 酉-총10획; 교육한자 3학년)는 한자 왼편에 물
(氵)변을 사용하지만 水部에 속하지 않고 酉部에 수록되어 있다.

【부수한자】

▷ **消** 끌 소; 총10획; 교육한자 3학년

- **字源** 「氵=水(물 수)+肖(작을, 닮을 초)」의 형성문자로 물(氵)
로 작아(肖)지게 「끄다(けす)」는 뜻이다.

- **筆順** | 氵 氵 氵 氵 消 消 |

- **音** しょう
  - 消火(소화/しょうか) : 불을 끔.
  - 消化(소화しょうか) : 섭취한 음식물을 분해하여 영양
    분을 흡수하기 쉬운 형태로 변화시키는 작용.
  - 消耗(소모/しょうもう) : 써서 없어 짐.
  - 消防(소방/しょうぼう) : 불을 끔.

- **訓** ① きエル : (자하1) 사라지다.

② けス : (타5) 끄다.

【肖를 기본자로 하는 비한자가족】

▶ **肖** 작을, 닮을 초; 肉 –총7획; 당용한자

- **字源** 정자는 肖로 「小(작을 소)+月＝肉(고기 육)」의 형성문자
  로 작은(小) 몸(月＝肉)은 부모를 「닮다(あやかる)」는 뜻
  이다.

- **筆順** ` ⺍ ⺊ 肖 肖 `

- **音** しょう
  - 肖像(초상/しょうぞう) : 그림 따위에 나타낸 사람의
    얼굴과 모습.

- **訓** あやかル : (자5) 닮다.

▶ **削** 깎을 삭; 刀 –총9획; 당용한자

- **字源** 「肖(작을, 닮을 초)+刂＝刀(칼 도)」의 형성문자로 작게
  (肖) 칼(刂)로 「깎다(けずる)」는 뜻이다.

- **筆順** ` ⺍ ⺊ 肖 肖 削 `

- **音** さく
  - 削減(삭감/さくげん)
  - 削除(삭제/さくじょ)

- **訓**　けずル : (타5) 깎다.

港　항구 항; 총12획; 교육한자 3학년

- **字源**　「氵=水(물 수)+巷(거리 항)[27]」의 형성문자로 물(氵)에 거리(巷)에서 다니는 차처럼 배가 드나드는 「항구(みなと)」를 뜻한다.

- **筆順**　| 氵 氵 氵 洪 港 港 |

- **音**　こう
  - 港口(항구/こうこう)/港湾(항만/こうわん)
  - 出港(출항/しゅっこう) : 배가 항구에서 떠남.

- **訓**　みなと : (명) 항구.

- **훈독숙어**　港町(みなとまち) : 항구 도시.

湖　호수 호; 총12획; 교육한자 3학년

- **字源**　「氵=水(물 수)+胡[28](오랑캐 호)」의 형성문자로 물(氵)이 오랑캐(胡)의 주름처럼 출렁이는 것은 「호수(みずうみ)」라는 뜻이다.

---

27) 정자는 巷(거리 항)로 「共(함께 공)+巳(뱀 사)」의 회의문자이다. 함께(共) 다니는 뱀(巳)처럼 꼬불꼬불 길게 뻗은 길.

28) 옛날(古) 쭈글쭈글한 고기(月=肉)와 같이 못생긴 야만인을 오랑캐라고 불렀다.

- **筆順** 　氵 汁 泔 湖 湖 湖
- **音**　こ
  - 湖水(호수/こすい) : 못이나 늪보다 깊고 넓게 물이 괴
    어 있는 곳.
- **訓**　みずうみ : (명) 호수.

泣 울 읍; 총8획; 교육한자 4학년

- **字源**　「氵=水(물 수)+立(설 립{입})」의 형성문자로 얼굴에 물
  (氵)이 서(立)있는 모습은 눈물을 흘리면서 「울다(な
  く)」라는 뜻이다.
- **筆順** 　氵 汀 汁 泣 泣
- **音**　きゅう
  - 泣訴(읍소/きゅうそ) : 울며 호소함.
- **訓**　なク : (자5) 울다.

治 다스릴 치; 총8획; 교육한자 4학년

- **字源**　「氵=水(물 수)+ 台(기뻐할 태)」의 형성문자로 물(氵)을
  기쁜 마음으로 잘 「다스리다(おさめる)」는 뜻이다. 옛날
  중국에서 왕조의 흥망성쇠는 황하를 잘 다스리는 것에
  달려 있다.

- **筆順** ⟨ 氵 汏 沿 治 治 治 ⟩
- **音** じ・ち

  ① 나라를 다스리다.

  - 政治(정치/せいじ) : 나라를 다스림.

  - 治安(치안/ちあん) : 나라를 편안하게 잘 다스림.

  - 自治(자치/じち) : 자기의 일을 스스로 처리함.

  ② 병을 치료하다.

  - 治癒(치유/ちゆ) : 치료를 받고 병이 나음.

  - 完治(완치/かんち) : 병을 완전히 고침.

  - 主治医(주치의/しゅじい) : 어떤 사람의 병을 맡아
    서 치료하는 것을 책임진 의사.

  - 治療(치료/ちりょう) : 병을 낫게 함.

- **訓** おさメル : (타하1) 다스리다.

> **清** 맑을 청; 총11획; 교육한자 4학년

- **字源** 「氵=水(물수)+음부호 青(푸를, 맑을 청)」의 형성문자로
  「맑은(青) 물(氵)」이라는 뜻이다.

- **筆順** ⟨ 氵 汁 汫 清 清 清 ⟩
- **音** せい・しょう

  ① 물이 맑다.

  清流(청류/せいりゅう) : 맑은 물의 흐름.

  ↔濁流(탁류/だくりゅう)

② 마음 상태나 행동에 더러움이 없다

    清潔(청결/せいけつ) : 깨끗함. ↔不潔(불결/ふけつ)

③ 상쾌하다(すがすがしい). 깨끗해서 기분이 좋다.

    - 清涼(청량/せいりょう) : 상쾌하고 시원함. 맑고 서늘함.

    - 清涼飲料(청량음료/せいりょういんりょう) : 탄산가스가 포함된 시원한 음료수. 사이다 · 콜라 등.

- **訓**   きよイ : (형) 깨끗하다. 맑다
- **난독**   清水(しみず) : 맑은 물. 지하에서 솟아오르는 맑은 물.

    清水寺(きよみずでら) : 京都에 있는 절.

【青을 기본자로 하는 한자】

- **音**   청(せい · しょう · しん)

    氵(물)+青=清(맑은 물 : きれいな水)

    日(해)+青=晴(맑은 해 : きれいな日)

    言(말)+青=請(맑은 말 : きれいな言葉)

    ☞남에게 부탁할 때

▶ **青** 푸를 청; 青 –총8획; 교육한자 1학년

- **字源**

원래는 「生+丼」의 회의문자이다. 윗부분은 흙 위에 파란 풀의 새싹이 돋아나 있는

것에서 「푸르다(あおい)」의 뜻과, 아래는 우물 안에 맑은 물이
솟아나는 것을 나타내는 것에서 「매우 깨끗하다(とてもきれい
だ)」는 뜻과 「맑다(すむ)」는 뜻도 가지고 있다.

- **筆順** 一 十 キ キ 青 青 青
- **音** せい・しょう・じょう

  ① 푸르다(あおい).

  - 青銅(청동/せいどう) : 구리와 주석의 합금.
  - 綠青(녹청/ろくしょう) : ⓐ 구리에 생긴 청록색의
    녹. ⓑ 청록색의 그림물감.
  - 紺青(감청/こんじょう) : 선명한 남빛.

  ② 젊은이.

  - 青春期(청춘기/せいしゅんき) : 젊고 건강한 시절.
  - 青少年(청소년/せいしょうねん) : 십 대 후반의 젊
    은이.

- **訓** あおイ : (형) 파랗다. 푸르다. ↔赤(あか)い

▶ **晴** 갤 청; 日-총12획; 교육한자 2학년

- **字源** 「日(해 일)+음부호 青(푸를, 맑을 청)」의 형성문자로 맑
  은(青) 해(日)이니까 「개다(はれる)」는 뜻이다.

- **筆順** 言 計 語 語 請 請

- **音** せい

  - 晴天(청천/せいてん) : 활짝 갠 날씨.

－快晴(쾌청/かいせい) : 잘 갠 날씨.

- **訓**　はレル : (자하1) 구름이나 안개가 개다. 비나 눈이 그치
다.

▶ **請**　청할 청; 言-총15획; 당용한자

- **字源**　「言(말씀 언)+음부호 青(푸를, 맑을 청)」의 형성문자로
맑은(青) 말(言)로 남에게 「부탁하다(こう)」는 뜻이다.

- **筆順**　言　計　請　請　請　請

- **音**　せい・しょう[29]・しん

－請求(청구/せいきゅう) : 요청함. 달라고 청함.

－招請(초청/しょうせい) : 불러서 칭함. 불러서 오게 함.

－申請(신청/しんせい)・要請(요청/ようせい)

- **訓**　こう : (타5) 부탁하다. 바라다

- **난독**　普請(ふしん) : 널리 기부를 받아 불단 등의 신축이나 수
선을 함.

- **音**　정(せい・ぜい・しょう・じょう)

－忄(마음)+青=情(깨끗한 마음 : きれいな心)

－米(쌀)+青=精(깨끗한 쌀 : きれいな米) 쌀을 희게 한 것.

▶ **情**　사랑할 정; 총11획; 교육한자 5학년

- **字源**　「忄=心(마음 심)+음부호 青(푸를, 맑을 청)」의 형성문자

---

29) 請(しょう)じる : 초대하다.

로 깨끗한(青) 마음(忄)은 「사랑」이라는 뜻이다.

- **筆順** | 忄 忄 忄ㅡ 忄ㅕ 情 情 |
- **音** じょう・ぜい(예외)

① 사물에 느끼어 일어나는 마음의 움직임.

- 感情(감정/かんじょう),

- 純情(순정/じゅんじょう) : 꾸밈이나 거짓이 없는
마음.

- 情趣(정취/じょうしゅ) : 정감을 불러일으키는 흥취.

- 情熱(정열/じょうねつ) : 가슴속에서 일어나는 열
렬한 감정.

- 風情(풍정/ふぜい) : 풍치. 운치 * 발음에 주의.

② 타인을 생각하는 마음. 정(なさけ)

- 愛情(애정/あいじょう) : 사랑하는 정이나 마음.

- 恩情(은정/おんじょう) : 자비. 인정 많은 마음.

- 温情(온정/おんじょう) : 따뜻하고 인정이 있는 마음.

③ 이성(異性)에 이끌리는 마음. 남녀간의 사랑.

- 情婦(정부/じょうふ) : 아내 이외의 정을 통하는
외간 여자.

④ 있는 그대로의 모습

- 情報(정보/じょうほう) : 사물의 내용・형편에 관
한 소식이나 자료.

- 情勢(정세/じょうせい) : 일이 되어가는 사정과 형편.

- 事情(사정/じじょう) : 일의 형편. 또는 까닭.

- **訓**　　なさけ(명) : 연정. 사랑. 인정. 자비. 동정.

▶　**精**　깨끗할 정; 米 –총14획; 교육한자 5학년

- **字源**　「米(쌀 미)+음부호 靑(푸를, 맑을 청)」의 형성문자로 쌀 (米)을 희게 깨끗하게(靑)「정미하다(しらげる)」는 뜻이 다. 쌀을 여러 번 정미한 것이기 때문에「자세하다(くわ しい)」라는 뜻으로도 사용한다.

- **筆順**　米　米+　米±　米青　精　精

- **音**　　せい・しょう

　　① 쌀을 희게 하다.

　　　 - 精米(정미/せいまい) : 현미(玄米)를 찧어서 희게 함.

　　② 자세하다(くわしい・こまかい)

　　　 - 精密(정밀/せいみつ) : 아주 잘고 자세함.

　　③ 불순물이 없다(まじりけがない). エキス

　　　 - 精鋭(정예/せいえい) : 여럿 가운데서 골라 뽑은,
　　　　뛰어난 사람.

　　　 - 精進(정진/しょうじん) : ⓐ 착한 행실을 함. ⓑ 정신
　　　　을 쏟아 노력함. ⓒ 절에서 육식을 피하고 채식을 함.

　　④ 생명의 근원

　　　 - 精神(정신/せいしん) : 사람의 마음.

　　　 - 精気(정기/せいき) : ⓐ 만물의 원기. ⓑ 정신과 기력.

　　⑤ 산천(山川)의 신(神)=「もののけ」

- 妖精(요정/ようせい) : 서양의 전설이나 동화에 나
오는 꽃이나 수풀 등 자연의 정령.

- 精靈(정령/しょうりょう) : 산천초목이나 무생물
등 갖가지 물건에 깃들어 있다는 혼령.

- **訓**　① しらゲル : (타하1) 현미(玄米)를 정미하다.

　　② くわシイ=[詳] : (형) 상세하다.

▶ **静**　고요할 정; 青 –총16획; 당용한자

- **字源**　「青(푸를 청)+争(다툴 쟁)」의 형성문자로, 푸르게(青) 즉
깨끗하게(青) 경쟁하면(争) 불평이 없어 「고요하다(しず
かだ)」는 뜻이다.

- **筆順**

| ナ | 主 | 青 | 靑 | 靜 | 静 |

- **音**　せい · じょう

- 静止(정지/せいし) : 조용히 멈춤.

- 静肅(정숙/せいしゅく) : 고요하고 정숙함.

- 静脈(정맥/じょうみゃく) : 혈관.

- **訓**　① しずカ : (형동ダ) 조용함.

　　② しずマル : (자5) 조용해지다. 잠잠해지다.

▷ **満**　찰 만; 총14획; 교육한자 4학년

- **字源**　「氵=水(물수)+凵(그릇)+両(두 량)」의 형성문자로 물(氵)

이 그릇(凵) 양쪽(両)에 「가득 차다(みちる)」의 뜻이다.

- **筆順** ┌─────────────────────┐
  │ 氵 沣 泔 満 満 満 │
  └─────────────────────┘
- **音** まん

  - 充満(충만/じゅうまん) : 어떤 감정이 마음에 가득하
    게 차 있음.
  - 満足(만족/まんぞく) : 흡족함.
  - 未満(미만/みまん) : 정한 수효나 정도에 차지 못함.
  - 不満(불만/ふまん) : 만족스럽지 않아 언짢거나 불쾌함.
- **訓** みチル : (자하1) 차다.

▷ **洗** 씻을 세; 총9획; 교육한자 6학년

- **字源** 「氵=水(물 수)+先(먼저 선)」의 형성문자로 물(氵)로 먼
  저(先) 「씻다(あらう)」는 뜻이다.
- **筆順** ┌─────────────────────┐
  │ 氵 氵 汼 洪 泮 洗 │
  └─────────────────────┘
- **音** せん

  - 洗顔(세안/せんがん) : 얼굴을 씻음.
  - 洗濯(세탁/せんたく) : 때 묻은 옷 따위를 빠는 일.
  - 洗面(세면/せんめん) : 얼굴을 씻음.
  - 洗剤(세제/せんざい) : 물질을 씻어 내는 데 쓰는 물질.
- **訓** あらウ : (타5) 빨다. 씻다. 세탁하다.

沢 못 택; 水 - 7획; 당용한자

- **字源** 「氵=水(물 수)+尺(자 척)」의 형성문자로 「물(氵=水 : 물 수)이 이어져(尺) 있다는 것은 「저습지(さわ)」이다.

- **筆順** | シ シ¹ シ² 沪 沢 |

- **音** たく
    - 光沢(광택/こうたく)

- **訓** さわ : (명) 풀이 나 있는 저습지.

- **훈독숙어** 沢辺(さわべ) : 늪가(풀이 나는 습지 부근.)

【尺을 기본자로 하는 비한자가족】

尺 자 척; 尸 - 총4획; 교육한자 6학년

- **字源**

  | 𝄐 -尺 -尺 | 오른손의 엄지손가락과 집게손가락을 펴서 물건의 길이를 재는 형태를 본뜬 상형

  문자이다. 길이를 잴 때 자가 없었던 옛날 사람들은 오른손의 엄지손가락과 집게손가락을 펴서 한 뼘 두 뼘 이어서 길이를 잰다. 따라서 이 한자는 「잇다(つなぐ)」는 뜻인데, 길이는 1寸의 10배. 약 30.3cm이다.

- **筆順** | ¬ ¬ 尸 尺 |

- **音** しゃく · じゃく · せき

- 尺度(척도/しゃくど) : 치수(물건을 재는 기준).
- 曲尺(かねじゃく) : (목공용의) 곱자.
- 尺地(しゃくち・せきち) : 좁은 땅.
- **訓**　さし : (명) 자.

▶ **駅**　역참 역; 馬-총14획; 교육한자 3학년

- **字源**　「馬(말 마)+尺(자 척)」의 형성문자로 말(馬)이 이어져 (尺) 있는 곳은 옛날에는 「역(えき)」이다.
- **筆順**　｜ 冂 冋 馬 馬 馬 駅
- **音**　えき
  - 駅長(역장/えきちょう) : 역의 우두머리.

▶ **訳**　통변할 역; 言-총11획; 교육한자 6학년

- **字源**　「言(말씀 언)+尺(자 척)」의 형성문자로 말(言 : 말씀 언)을 잇는(尺) 것은 「변명(わけ)」 또는 「통역하다」는 뜻이다.
- **筆順**　言 言 訳 訳 訳 訳
- **音**　やく
  - 通訳(통역/つうやく) : 상대방의 말을 번역하여 그 뜻을 알게 해 줌.
  - 訳書(역서/やくしょ) : 원서를 번역한 책.
- **訓**　わけ : (명) 이유. 까닭.

択 가릴 택; 手 -총16획; 당용한자

- **字源** 「扌(손 수)+尺(자 척)」의 형성문자로 손(扌)으로 다음다
  음 잇는(尺) 형으로「골라내다(えらぶ)」는 뜻이다.

- **筆順** | 扌 扌' 扩 护 択 |

- **音** たく

  - 選択(선택/せんたく) : 여럿 가운데서 골라 뽑음.

- **訓** えらブ : (타5) 고르다. 뽑다.

釈 해석할 석; 釆 -총11획; 당용한자

- **字源** 「釆(분별할 변)+尺(자 척)」의 형성문자로 釆(분별할 변)
  은 곡물(米 : 쌀 미)에「ノ」를 첨가시킨 것으로 곡물을 반
  씩 나누어 분별한다는 뜻이다. 따라서 이 한자는 분별해
  서(釆) 하나하나 뜻을 밝혀 알아듣도록 이어서(尺)「설
  명하다(とク)」는 뜻이다.

- **筆順** | ´ ⌒ 釆 釈 釈 釈 |

- **音** しゃく

  - 解釈(해석/かいしゃく) : 외국어로 된 글을 자기 나라
    의 말로 풀이함.

漠 사막 막; 水 -총14획; 상용한자

- **字源** 「氵=水(물수)+莫(없을 막, 덮어씌울 막)」의 형성문자로

물(氵)이 없는(莫)「사막(さばく)」을 뜻한다.

- **筆順** ┌─────────────────────────┐ 氵 氵 氵 渲 渲 漠 └─────────────────────────┘
- **音** ばく

① 광대한 모래벌판.

- 砂漠(사막/さばく) : 황폐한 곳에 모래나 바위가
많은 땅.

② 확실하지 않다(はっきりしない)

- 漠然(막연/ばくぜん) : 확실하지 않은 모양.

【莫을 기본자로 하는 한자】

- **音** 막(ばく · まく)

┌──┐
▶ **莫** 없을 막, 덮어씌울 막; 艸 –총11획; 상용한자이외한자
└──┘

- **字源** 「艹(풀 초)+日(해 일)+大(큰 대)」의 회의문자로 태양
(日)의 上下에 풀(艹와 大=艹)을 놓아서 태양(日)을 엄
청난 양의 풀(艹와 大=艹)로 上下로「덮어씌우다(おお
いかくす)」의 뜻이다.

- **音** ばく · まく

- 莫大(막대/ばくだい) : (명 · 형동タ) 매우 큼. 매우 많음.

＊「～な財産(ざいさん) : 막대한 재산」

- 寂莫(적막/せきばく · じゃくまく) : 공하고 쓸쓸함.

- **訓** なかレ : 주로 한문에서 동작의 금지를 나타내는 말. ～

하지 말라. ~해서는 안 된다. ＊「悲(かな)しむこと～ :
슬퍼하지 말아라」

膜 막 막; 肉 –총15획; 당용한자

- **字源** 「月＝肉(고기 육)＋莫(덮어씌울 막)」의 형성문자로 인체
  (月＝肉) 부분 중에서 덮어씌운(莫) 것은 「각막(かくま
  く)」이다.

- **筆順** 月 胙 胪 膲 膣 膜

- **音** まく

  - 角膜(각막/かくまく) : 안구의 앞쪽의 있는 투명한 막.
  - 鼓膜(고막/こまく) : 귀청.

【音】 모(ぼ)

暮 저물 모; 日 –총15획; 교육한자 6학년

- **字源** 「莫(덮어씌울 막)＋日(해 일)」의 형성문자로 해(日)를 덮
  어씌우니(莫) 저녁 무렵〈夕方(ゆうがた)〉으로서 「저물
  다(くれる)」의 뜻이다.

- **筆順** 艹 莒 莫 莫 暮 暮

- **音** ぼ

  - 歳暮(세모/さいぼ) : 한 해의 마지막 때. 연말.
  - 暮春(모춘/ぼしゅん) : 늦은 봄. 만춘.

- 訓 　① くレル : (자하1) 저물다. ←明(あ)ける

　　② くラス : (자타5) 생활하다. 생계를 이어가다.

▶ **募** 　모을 모; 力 -총13획; 당용한자

- 字源 　「莫(덮어씌울 막)+力(힘 력{역})의 형성문자로 힘(力)을 덮어씌워서(莫), 즉 힘을 사용해서 「모집하다(つのる)」의 뜻이다.

- 筆順 　艹 苩 苩 莫 募 募

- 音 　ぼ

　　- 募集(모집/ぼしゅう) : 널리 알려 희망자를 모음.

　　- 募金(모금/ぼきん) : 기부금품을 모집함.

　　- 応募(응모/おうぼ) : 모집에 응함.

　　- 公募(공모/こうぼ) : 널리 일반으로부터 모집함.

- 訓 　つのル : (타5) 모집하다.

▶ **慕** 　그리워할 모; 心-총15획; 당용한자

- 字源 　「莫(덮어씌울 막)+灬=心(마음 심)」의 형성문자로 보고 싶은 마음(灬=心)을 덮어씌우니(莫) 더 「그리워하다(したう)」의 뜻이다.

- 筆順 　艹 苩 莫 慕 慕 慕

- 音 　ぼ

- 慕情(모정/ぼじょう) : 그리워하는 마음.

- 追慕(추모/ついぼ) : 죽은 사람을 생각하며 그리워하
  는 일.

・**訓**　　したウ : (타5) 사모하다. 그리워하다.

　　　　＊「故郷(こきょう)を～ : 고향을 그리워하다」

【音】　　모(も)

> 模　법 모; 木-총15획; 교육한자 6학년

・**字源**　「木(나무 목)+莫(덮어씌울 막)」의 형성문자로 나무(木)
　　　　를 덮어씌운(莫) 것은 테두리로서「틀・모범」이다.

・**筆順**　｜木　扩　枯　椹　椹　模｜

・**音**　　も

　　　　① 모양(かた・ひながた・てほん)

　　　　　- 模型(모형/もけい) : 실물의 모양과 같게 만든 것.

　　　　　＊「～飛行機(ひこうき) : 모형 비행기」

　　　　　- 模様(모양/もよう) : ⓐ 무늬. 도안. ＊「～をつけ
　　　　　る : 무늬를 넣다」ⓑ 모양. ＊「空(そら)～ : 하늘모
　　　　　양」

　　　　② 모양을 본뜨다(かたどる)

　　　　　- 模写(모사/もしゃ) : 그림이나 글을 그대로 베낌.

　　　　　- 模倣(모방/もほう) : 흉내 냄.←創造(창조/そうぞう)

　　　　　- 模擬(모의/もぎ) : 모방함. 본떠서 함.

　 ＊「～裁判(さいばん) : 모의재판」

③ 더듬어 찾음

　 - 模索(모색/もさく) : 더듬어 찾음.

④ 본보기 = 手本(てほん)

　 - 模範(모범/もはん) : 본받을 만한 일.

【音】　 막(ばく・まく)

▶ 　**幕**　막 막; 巾 -총14획; 교육한자 6학년

- **字源**　「莫(덮어씌울 막)+巾(수건 건)」의 형성문자로 수건(巾)을 덮어씌운(莫) 것은「휘장」・「커튼(カーテン)」이다.

- **筆順**　艹 苩 苩 莫 幕 幕

- **音**　まく・ばく

　 - 開幕(개막/かいまく) : ⓐ 연극의 막을 엶. ⓑ 시작됨.
　　↔閉幕(폐막/へいまく)

　 - 序幕(서막/じょまく) : ⓐ 연극의 첫 막. 제1막. ⓑ 시작. 처음.

　 - 幕府(막부/ばくふ) : 무사가 정치를 행하기 위한 권력 기구.

【音】　 묘(ぼ)

▶ 　**墓**　무덤 묘; 土-총14획; 교육한자 5학년

- **字源** 「莫(덮어씌울 막)+土(흙 토)」의 형성문자로 흙(土)을 덮어씌운(莫) 것은 「무덤(はか)」이다.

- **筆順** ┌─────────────────────┐
  艹　苜　苩　莫　墓　墓
  └─────────────────────┘

- **音** ぼ

  - 墓地(묘지/ぼち) : 무덤이 있는 땅.

- **訓** はか : (명) 무덤. 유골을 장사지낸 곳.

⑦ 犭(개사슴록변/けものへん)

개를 본뜬 상형문자로 주로 개 같이 생긴 짐승의 종류 또는 짖는 소리를 나타내는 한자에 사용한다. 犭部에 속하는 한자를 보면 猪(돼지 저; いのしし), 狼(이리 랑{낭}; おおかみ), 狐(여우 호; きつね), 猫(고양이 묘; ねこ) 등은 개와 닮아 있지만 猿(원숭이 원; さる) 등은 개와 상당히 형태가 다른 동물도 있다. 따라서 犭部를 「いぬへん」라고 부르지 않고 「けものへん」이라고 부른다. 犭部는 개만이 아니라 일반적인 동물을 뜻하고 있다. 그런데 동물 중에서 馬(말 마; うま), 虎(범 호; とら), 鹿(사슴 록{녹}; しか), 羊(양 양; ひつじ), 鼠(쥐 서; ねずみ), 竜(용 룡{용}; たつ) 등은 犭(けものへん)이 붙어 있지 않는 것은 동물 전체를 본뜬 상형문자로 더 이상 분할할 수 없는 구조를 가진 한자이기 때문에 기초적인 단위로서 독자적으로 部首를 구성하고 있다.

한자사전에서는 왼편에 부수(部首)로서 사용할 때는 「犭」로 「개사슴록 변/けものへん」이라고 하고 犬가 들어가는 한자는 犬部로 구분

해서 수록하지만 일본 당용한자표에서는 犭部는 없고「犭」와「犬」을
포함하는 한자는 전부 犬部에

犬犯状狂狩狭猛猶獄独獲猟獣献

와 같이 14자가 수록되어 있다. 여기서 보면「犯(범할 범), 狂(미칠
광), 猛(사나울 맹), 獣(짐승 수)」는 개라는 동물은 대단히 공격적인데
이런 개의 특성을 잘 반영한 한자이고,「狩(사냥 수), 獲(얻을 획), 猟
(사냥할 렵)」은 개는 후각이 매우 뛰어나 사냥에 주로 이용되었는데 그
것을 잘 반영한 한자이다.「献(바칠 헌)」은 개고기는 맛있기 때문에 바
치는 고기로 사용되었는데 그것을 반영한 한자이다.「独(홀로 독)」은
개라는 동물은 두 마리만 모여도 으르렁거리는 특성이 있기 때문에 홀
로 두어야 하고 집도 혼자 잘 지키기 때문에 그것을 반영한 한자이다.

【부수한자】

> **犯** 범할 범; 총5획; 교육한자 5학년

- **字源**　「犭=犬(개 견)+㔾(무릎 꿇을 절)[30]」의 형성문자로 개(犭
=犬)가 무릎을 구부리고 앉아 있는 사람에게 달려들어
「범하다(おかす)」는 뜻이다.
- **筆順**　　ノ　ｊ　ｊ　ｊ′　犯

---

30) 사람이 무릎을 꿇고 앉아 있는 모습.

- **音**　はん
  - 現行犯(현행범/げんこうはん) : 현재 범죄 행위를 저지르고 있거나 범죄 행위 직후에 발각된 범죄.
  - 犯行(범행/はんこう)·犯罪(범죄/はんざい)·犯人(범인/はんにん)
- **訓**　おかス : (타5) 범하다. 어기다.

猛 사나울 맹; 총11획; 당용한자

- **字源**　「犭=犬(개 견)+孟(맏 맹)[31]」의 형성문자로 개(犭=犬)를 잴 때 첫째(孟)로 꼽는 것은「사나운」것이다.
- **筆順**　┃ 犭　犭¹　犭³　猛　猛　猛 ┃
- **音**　もう
  - 猛犬(맹견/もうけん) : 사나운 개.
  - 猛烈(맹렬/もうれつ) : 기세가 사납고 세참.
- **訓**　たけル : (자5) 사납게 날뛰다.

獲 얻을 획; 총17획; 당용한자

- **字源**　「犭=犬(개 견)+{艹(풀 초)+隹(새 추;꽁지가 짧은 새의 총

---

31) 「子(아들 자)+皿(그릇 명)」의 형성문자로 유교사회에서 장자 우선이기 때문에 아들(子)을 그릇(皿)에 넣어 목욕시키며 애지중지하는 사람은「첫째」라는 뜻이다.

칭)+又(또 우)」의 형성문자로 개(犭)가 풀(艹) 속에 있
는 새(隹)를 또(又) 「잡아오다(える)」는 뜻이다.

- **筆順** 犭 犭 犭 犭 獲 獲

- **音** かく

  - 獲得(획득/かくとく) : 손에 넣음.

  - 捕獲(포획/ほかく) : 적병을 사로잡음

  - 漁獲(어획/ぎょかく) : 수산물을 잡거나 채취함

- **訓** える : (타하1) (사냥에서) 얻다. 획득하다.

- **훈독숙어** 獲物(えもの)[32] : ⓐ사냥에서 잡은 것. ⓑ빼앗은 것.

【蒦를 기본자로 하는 한자】

▶ **護** 보호할 호; 言-총21획; 교육한자 5학년

- **字源** 「言(말씀 언)+{艹(풀 초)+隹(새 추;꽁지가 짧은 새의 총
  칭)+又(또 우)}」의 형성문자로 환경단체에서는 말(言)
  못하는 풀(艹) 속에 있는 새(隹)들도 또(又) 「보호하다」
  는 뜻이다.

- **筆順** 言 言 言 詳 詳 護

- **音** ご

  - 保護(ほご) : 잘 지켜 원래대로 보존되게 함.

---

32) 得物(えもの) : 자기가 가장 자신 있게 다루는 도구(낫. 호미. 삽 등)

▶ **穫** 벼 벨 확; 禾 -총19획; 당용한자

- **字源** 「禾(벼 화)+{++(풀 초)+隹(새 추;꽁지가 짧은 새의 총칭)+又(또 우)}」의 형성문자로 벼(禾)를 풀(++) 속에 있는 새(隹)들이 또(又) 먹을까 걱정해서 벼를 빨리 「수확(收穫)하다」는 뜻이다.

- **筆順** 禾 秄 秄 秄 穫 穫

- **音** かく

  - 收穫(수확/しゅうかく) : 농작물을 거두어들임.

8 阝(阜)(좌부변/こざとへん)

좌부변으로 사용하는 阝(阜 : 언덕 부)는 언덕, 언덕처럼 흙을 쌓아 놓은 것, 언덕과 관련이 있는 지형 또는 상태, 흙이 높이 쌓이고 능선이 겹쳐진 가파른 언덕의 모양을 본뜬 상형문자이다. 따라서 陵(큰 언덕 릉{능})와 같이 언덕이라든지, 陸(뭍 륙{육})과 같이 대륙을 나타내는 한자에 사용하고, 「陳(늘어놓을 진), 防(막을 방)」과 같이 「진을 치다, 언덕을 막다」라는 뜻을 나타내는 한자에 사용하고, 降(내릴 강{항복할 항})과 같이 언덕 아래로 내려간다는 뜻을 나타내는 한자에 사용하고, 院(담 원)와 같이 담(언덕)을 두른 큰 집(대궐, 절)을 나타내는 한자에 사용하다. 이것과 비슷한 우부방(阝)은 邑(고을 읍)을 나타내는 부수는 郡(고을 군), 都(도읍 도), 邸(집 저)와 같이 사람들이 모여 살고 있는 뜻을 나타내는 한자를 만들 때 사용한다.

일본 당용한자표에서 阜部에는

防阻附降限陛院陣除陪陰陳陵陶陷陸陽隆隊階隔際障隣随險隱

와 같이 27자가 수록되어 있다.

【부수한자】

▷ **陸** 뭍 육{륙}; 총11획; 교육한자 4학년

• **字源** 「阝=阜(언덕 부)+坴[33](언덕 륙{육})」의 형성문자로 언덕
　　　(阝)과 언덕(坴)이 높게 낮게 연이어 있는 곳이 「육지(陸
　　　地)」라는 뜻이다.

• **筆順**　｜ 阝 阝⁻ 阝⁺ 阡 陸 陸

• **音**　　りく

　　　- 大陸(대륙/だいりく) : 크고 넓은 땅.

　　　- 着陸(착륙/ちゃくりく) : 비행기 따위가 땅 위에 내림.

　　　- 陸地(육지/りくち) : 육상. 지상.

---

33)「土(흙 토)+八+土(흙 토)」로 흙(土)이 나누어져(八) 또 흙(土)이 쌓이니 「언
　덕」이라는 뜻이다.

防 둑 방; 총7획; 교육한자 5학년

- **字源** 「阝=阜(언덕 부)+方(방향 방)」의 형성문자로 언덕(阝)처럼 사방(方)에 둑을 쌓아 「막다(ふせぐ)」라는 뜻이다.

- **筆順** 𠃌 𠂆 阝 阝' 阝亠 防 防

- **音** ぼう
  - 消防(소방/しょうぼう)불이 났을 때 불을 끔.
  - 堤防(제방/ていぼう) : 하천이나 호수, 바다 둘레를 돌이나 흙 따위로 높이 쌓아 막은 언덕.
  - 防衛(방위/ぼうえい) : 적의 공격을 막아서 지킴
  - 防止(방지/ぼうし) : 막아서 못하게 함.
  - 防波堤(방파제/ぼうはてい) : 파도를 막기 위한 둑.
  - 予防(예방/よぼう)질병이나 재해 따위가 발생하지 않도록 미리 대비하여 막음.

- **訓** ふせグ : (타5) 막다. 방어하다.

【方을 기본자로 하는 한자가족】

▶ 訪 찾을 방; 言-총11획; 교육한자 6학년

- **字源** 「言(말씀 언)+方(방향 방)」의 형성문자로 좋은 말씀(言)을 해줄 사람을 사방(方)에서 「찾다. 방문하다(たずねる)」는 뜻이다.

- **筆順** | ⸺ 言 言' 言' 訪 訪 |
- **音** ほう・ぼう

  - 訪問(방문/ほうもん)・探訪(탐방/たんぼう)
- **訓** ① おとずレル : (자하1) 방문하다.

  ② たずネル : (타하1) 방문하다.

▶ **坊** 동네 방; 土 -총7획; 당용한자

- **字源** 「土(흙 토)+方(방향 방)」의 형성문자로 흙(土)으로 사방
  (方)을 쭉 막은「동네」라는 뜻이다.
- **筆順** | 土 土' 圹 圹 坊 坊 |
- **音** ぼう・ぼっ

  - 坊主(ぼうず) : 절의 주지인 중.
  - 坊(ぼっ)ちゃん : 도련님. 철부지.

▶ **妨** 방해할 방; 女-총7획; 당용한자

- **字源** 「女(여자 여{녀})+方(방향 방)」의 형성문자로 여자(女)
  를 사방(方)에서 사귀면 여자가 일을「방해하다(さまた
  げる)」는 뜻이다.
- **筆順** | 女 女 女' 妨 妨 |
- **音** ぼう

- 妨害(방해/ぼうがい)

- **訓**　さまたゲル : (타하1) 방해하다.

▶ **芳**　꽃다울 방; 艸 -총7획; 당용한자

- **字源**　「艹(풀 초)+方(방향 방)」의 형성문자로 풀(艹)향기가 사
방(方)으로 「풍기다」는 뜻이다.

- **筆順**　| 艹　艹　芳　芳 |

- **音**　ほう

- 芳香(방향/ほうこう) : 좋은 향기.

- 芳名(방명/ほうめい) : 상대방의 이름에 대한 높임말.

- **訓**　かんばシイ : (형) 향기롭다.

▷ **陣**　줄 진; 총10획; 당용한자

- **字源**　「阝=阜(언덕 부)+車(수레 차{거})」의 형성문자로 언덕
(阝) 옆에 수레(車)를 배치하여 「진을 치다」는 뜻이다.

- **筆順**　| 阝　阝ー　阿　陌　陣　陣 |

- **音**　じん

- 陣地(진지/じんち) : 진을 친 곳.

- 退陣(퇴진/たいじん) : 직책에서 손을 떼고 물러남.

- 布陣(포진/ふじん) : 전쟁이나 경기를 하기 위하여 진
을 침.

- 報道陣(보도진/ほうどうじん)무슨 일을 보도하기 위하여 기자나 사진 기자 따위로 구성된 인적 조직.

陳 늘어놓을 진; 총11획; 당용한자

- **字源** 「阝=阜(언덕 부)+東(동녘 동)」의 형성문자로 언덕(阝) 동쪽(東)에 햇살이 잘 비치니 건조하기 위해서 「나열하다·진열하다」는 뜻에서 나아가 「진술하다(のべる)」는 뜻으로도 사용한다.

- **筆順** 阝 阝 阡 阦 陣 陳

- **音** ちん.

  ① 진열하다. 나열하다.

  陳列(ちんれつ) : 물건을 죽 벌여 놓음.

  ② 자세하게 말하다.

  陳述(ちんじゅつ) : 자세하게 벌여 말함.

- **訓** のべル : (타하1) 진술하다. 말하다.

9 歹(죽을사변/がつへん)

사람의 시체가 썩어 뼈만 앙상하게 남은 모습을 본뜬 상형문자로 죽음, 상해(傷害) 등과 관련이 있는 한자에 사용한다. 死(죽을 사)는 「歹+匕(비수 비)」로 비수(匕)에 찔러 앙상한 뼈만 남은 것을 나타내는 회의문자이다. 殊(죽일 수)는 「歹+朱(붉을 주)」의 형성문자로 목을 베니(歹) 붉은(朱) 피가 흐르게 죽이는 것은 극형에 해당하는 것에서 나아가 특수(特殊)라는 뜻으로 사용하게 되었다. 殖(번성할 식)은 「歹+直(곧을 직)」의 형성문자로 모든 생명체는 곧게(直) 자라야만 번성하게 잘 자라지 그렇지 않을 경우 죽게(歹) 된다는 뜻이다. 歹部로 착각하기 쉬운 夢(꿈 몽)은 夕部에 속한다. 夢은 「卄(풀 초)+罒(눈 目을 옆으로 한 것)+冖(덮을 멱)+夕(저녁 석)」로 구성된 회의문자로 저녁(夕)에 이불을 깔고(冖) 누워서(罒 : 눈 目을 옆으로 한 것) 그리고 이불(卄)을 덮고 꾸는 것이 꿈이라는 것이다.

일본 당용한자표에서 歹部에는

死殉殊殖残

와 같이 5자가 수록되어 있다.

【부수한자】

▷ **残** 잔인할 잔; 총10획; 교육한자 4학년

- **字源** 「歹+(톱의 형태로 톱으로 작게 자른다는 뜻)」의 형성문자로 죽은(歹) 시체에 다시 톱으로 작게 자르니 「잔인하다」는 뜻이다.

- **筆順** | 一 歹 歼 残 残 残

- 音   ざん

  ① 잔인하다.

    - 残忍(잔인/ざんにん) : 무자비함.

    - 残酷(잔혹/ざんこく) : 잔인하고 가혹함.

  ② 남다. 남기다.

    - 残金(잔금/ざんきん) : 쓰고 남은 돈.

    - 残暑(잔서/ざんしょ) : 늦여름의 한풀 꺾인 더위.

    - 残留(잔류/ざんりゅう)뒤에 처져 남아 있음.

- 訓   のこス : (타5) 남기다.

【戔를 기본자로 하는 한자가족】

▶ **浅** 얕을 천; 水-총9획; 교육한자 4학년

- **字源** 「氵=水(물 수)+(톱의 형태로 톱으로 작게 자른다는 뜻)」
  의 형성문자로 물(氵)이 작은 곳은 물 수심이 「얕다(あさ
  い)」는 뜻이다.

- **筆順** | 氵 氵 浅 浅 浅 |

- 音   せん

    - 浅海(천해/せんかい) : 얕은 바다. ↔深海(심해/しん
      かい)

    - 浅薄(천박/せんぱく) : 학문이나 생각이 얕아 얄팍함.

- 訓   あさイ : (형) 얕다.

▶ **銭** 돈 전; 金-총16획; 교육한자 5학년

- **字源** 「金(쇠 금)+(톱의 형태로 톱으로 작게 자른다는 뜻)」의 형성문자로 돈(金)을 작게 한 것은 「동전(ぜに)」을 뜻한다.
- **筆順** | ⌐ 全 鉅 銭 銭 銭 |
- **音** せん
  - 金銭(きんせん) : 쇠붙이 돈.
- **訓** ぜに : (명) 동전.

▶ **踐** 밟을 천; 足-총15획; 당용한자

- **字源** 「⻊=足(발 족)+(톱의 형태로 톱으로 작게 자른다는 뜻)」의 형성문자로 발(⻊)로 조금씩 나아가는 것은 「밟다(ふむ)」는 뜻이다.
- **筆順** | ⻊ 跙 跱 踐 踐 |
- **音** せん
  - 実践(실천/じっせん) : 생각한 것을 실제로 행함.
- **訓** ふム : (타5) 밟다.

▶ **賤** 천할 천; 貝-총15획; 상용한자이외한자

- **字源** 「貝(조개 패)+(톱의 형태로 톱으로 작게 자른다는 뜻)」의 형성문자로 재물(貝)이 적은 사람은 「천하다」는 뜻이다.

- **音**　せん

  - 賤職(천직/せんしょく) : 낮고 천한 직업.

  - 賤民(천민/せんみん) : 신분이 낮고 천한 백성.

> **殉** 따라 죽을 순; 총10획; 당용한자

- **字源**　「歹+旬(열흘 순)[34]」의 형성문자로 사람이 죽은(歹) 뒤에 열흘(旬) 안에 「따라 죽다」는 뜻이다.

- **筆順**　| 一　歹　歹　殉　殉　殉 |

- **音**　じゅん

  殉職(순직/じゅんしょく) : 직무 수행 중에 목숨을 잃음.

🔟 ネ(보일시변/しめすへん)

| 示-示-示 |　「示(보일 시)의 구조는 「二(두 이) + 小(작을 소)=示」로 제사를 지내는 제단 모양을 본뜬 상형문자로 제물을 신에게 「보이다」는 뜻이다. 부수(部首)로서 사용할 때는 「보일시 변/しめすへん」라고 말한다. 제사, 제사의 방식, 귀신 따위의 뜻이나 불길하다는 뜻을 나타내는 한자에 사용한다. 한국과 일본 전부 示部에 수록되어있지만 일본은 1945년 전쟁이 끝난 후

---

34) 「日(해 일)+勹(쌀 포)」의 회의문자로 한 달을 셋으로 나누어 10일씩 묶었다 (勹)는 데서 「열흘」이라는 뜻이다.

교육한자(1005자), 당용한자(1850자), 상용한자(1945자)를 제정하면서 상용한자표에 들어가지 않는 한자는 示를 그대로 사용하지만 상용한자에 속하는 한자 중에서 좌부변으로 사용하는 한자는 전부 示가 礻로 바꾸어 표기하게 되었다.

따라서 일본에서는 礻(보일시 변/しめすへん)와 衤(옷의 변/ころもへん)의 차이점은 단지 점이 한 개 있고 없고의 차이로 아주 닮아 있기 때문에 혼동하기 쉽다. 示는 아주 복잡한 字形도 아닌데 礻로 바꾸어 무슨 이득이 있을까? 단지 획수가 1획 줄어든 것뿐인 것 같다. 원래대로 示로 사용했다면 衤와는 절대로 혼동하는 일은 발생하지 않을 것이다.

祭(제사 제)는 「月(肉)+又+示」의 회의문자로 제사를 지낼 때 동물의 고기(月=肉)를 제단(示) 위에 오른손(又 : 오른쪽 우)으로 올리는 것을 나타낸다.

示部를 변으로 하면서도 示部에 수록되어 있지 않는 상용한자가 있다. 그것은 「視(볼 시)=示+見(볼 견)」가 있다. 視의 오른쪽 見(볼 견)은 뜻을 나타내고 示는 단지 音符만 나타내기 때문에 이 한자는 見部에 수록되어 있다.

일본 당용한자표에서 示部에는

示社祈祉祖祝神祥票祭禁禍福禅礼

와 같이 15자가 수록되어 있다.

【부수한자】

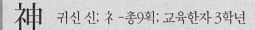

神 귀신 신; ネ -총9획; 교육한자 3학년

- **字源** 「ネ(보일시 변)+申(펼 신)」의 형성문자이다. ネ(示)는 원
래 고대인들이 제사할 때 신에게 바치는 음식을 놓는 탁
상 같은 것을 본뜬 상형문자이다. 따라서 이 한자는 탁상
(示) 위에 음식을 놓고 신에게 「축문을 드리다(申し上げ
る)」는 것에서 ネ(示)와 申을 합쳐서 神이라는 한자를 만
들었다고 하지만 이것은 아닌 것 같다. 여기서 申은 「申
し上げる」가 아니고 하늘에 번개가 칠 때의 전광(電光)
을 본뜬 상형문자로 보아야 할 것이다. 즉 신이라는 것은
보통 때는 사람들의 눈에 모습을 나타내지 않지만 번개
[35]라는 형태(申)로 하늘에 모습을 나타내는(ネ=示) 것이
다. 이것이 일본어로 「雷(かみなり)」이고 여기서 온 말이
「神(かみ)」라고 본다.

- **筆順** ネ ネ ネ ネ 神

- **音** しん・じん
  - 神秘(신비/しんぴ)・神話(신화/しんわ)
  - 神社(신사/じんじゃ) : 신을 모신 건물.

- **訓** かみ : (명) 신. 하나님.

---

35) 稲光(いなびかり)

福 복 복; ネ -총13획; 교육한자 3학년

- **字源** 「ネ(보일시 변)+畐(가득할 복)36)」의 형성문자로 신(ネ=示)이 가득 채워(畐) 주는 것이 「복」이다.

- **筆順** 　ネ　ネ　衤ラ　禑　禑　福

- **音** 　ふく・ぷく

　　　－福祉(복지/ふくし)・万福(만복/まんぷく)

祝 빌 축; ネ -총9획; 교육한자 4학년

- **字源** 「ネ(보일시 변)+兄(맏이 형)」의 형성문자이다. 제단(ネ=示)에서 神에게 제사를 올리는 사람은 일족 중에서 가장 연장자(兄37))가 하는 것이기 때문에, ネ(示)部에 兄을 합해서 祝(빌 축)가 만들어져 「빌다(いのル)」라는 뜻으로 사용한다. 이와 같이 신에게 빌어 신이 들어준 결과 얻어지는 것이 「祝福(축복/しゅくふく)」일 것이다.

- **筆順** 　ネ　ネ　衤ラ　衤ワ　祝　祝

- **音** 　しゅく

　　　－祝杯(축배/しゅくはい)・祝賀(축하/しゅくが)

---

36) 항아리, 술병의 상형문자로 분해하면 「一(한 일)+口(입 구)+田(밭 전)」와 같다. 한(一) 사람의 입(口)은 밭(田)에서 재배한 것으로 「가득 차다」는 뜻이다.

37) 연장자는 머리가 큰 사람으로 묘사되었다. 그것이 兄이다. 兄(맏이 형)은 「口(큰 머리)+儿(어진사람인발/にんにょう : 사람이 무릎을 꿇고 있는 모양으로 겸손한 사람이나 어진 마음의 상태를 나타냄)」의 회의문자이다.

- 訓　　いわウ : (타5) 축하하다.

▷ 祈　빌 기; ネ -총8; 상용한자

- **字源**　「ネ(보일시 변)+斤(도끼 근)[38]」의 형성문자로 신(ネ=示)
에게 두 손을 연못에 빠진 도끼(斤)를 찾아 달라고 「빌다
(いのる)」는 뜻이다.

- **筆順**　| ネ　ネ　ネ厂　ネ斤　ネ斤　祝 |

- **音**　　き

　　　　　- 祈祷(기도/きとう)

- 訓　　いのル : (타5) 빌다.

▷ 禍[39]　재화 화; ネ -총13획; 상용한자

- **字源**　「ネ(보일시 변)+咼(입 비뚤어질 괘{와}」의 형성문자이다.
신(ネ=示)에게 비뚤어지게(咼) 행동하면 「재앙(わざわ
い)」이 온다는 뜻이다.

- **筆順**　| ネ丨　ネ冂　ネ冂　ネ咼　ネ咼　禍 |

- **音**　　か

　　　　禍福(화복/かふく) : 화와 복.

- 訓　　わざわい : (명) 재앙.

---

38) 나무에 도끼를 내리치는 모습의 상형문자.
39) 鍋(노구솥 과; 金-총17획; なべ)/渦(소용돌이 와; 水-총12획; うず)/蝸(달팽
이 와; 虫-총15획; かたつむり)

02

旁(방/つくり)

1 阝(邑)(우부방/おおざと)

邑(고을 읍)은 「口＋巴」로 성곽을 뜻하는 口의 아래에 사람이 꿇어 앉아 있는 모습(巴)을 그린 것으로 사람들이 무리지어 거주하고 있는 「마을, 고을」의 뜻을 나타낸다. 부수로서 오른쪽에 붙으면 나라 이름, 마을 이름, 땅 이름 등을 나타내는 한자에 사용한다. 고대의 나라들은 대부분은 소국(小国)이었기 때문에 나라나 고을이나 큰 차이가 없었기 때문에 邦(나라 방), 鄭(나라 이름 정), 鄧(나라 이름 등), 邰(나라 이름 태), 등과 같이 주로 나라이름에 사용했다.

일본 당용한자표에서 邑部에는

邦邪邸郊郎郡部郭郵都郷

와 같이 11자가 수록되어 있다.

【부수한자】

▷ **都** 도읍 도; 총11획; 교육한자 3학년

- **字源** 「者(놈 자)+ 阝=邑(고을 읍)」의 형성문자로 사람(者)들이 고을(阝)로 모두 모여 「도읍(みやこ)」을 이룬다는 뜻이다.

- **筆順** 　一　十　耂　耂　者　都

- **音** 　と

　　都市(도시/とし)=都会(도회/とかい)

- **訓** 　みやこ : (명) 서울.

▷ **邦** 나라 방; 총7획; 당용한자

- **字源** 「丰(풀이 무성할 방)+ 阝=邑(고을 읍)」의 형성문자로 고을(阝)이 무성해지면(丰) 「나라」가 된다는 뜻이다.

- **筆順** 　三　丰　邦　邦

- **音** 　ほう・ぽう

　　- 邦画(방화/ほうが) : 자기 나라의 영화(그림).

　　- 連邦(연방/れんぽう) : 서로 주권을 갖고 결합한 국가.

▷ **邸** 집 저; 총8획; 당용한자

- **字源** 「氐(근본 저)[40]+阝=邑(고을 읍)」의 형성문자로 고을(阝)
에서 아주 근본(氐)이 있는 「저택」이라는 뜻이다.

- **筆順** ᷄ 亡 下 氏 氐 邸

- **音** てい

  - 邸宅(저택/ていたく) : 고급 주택.

- **訓** やしき : (명) 저택.

② 欠(하품흠방/あくび)

입을 크게 벌린(하품하는) 형상을 본뜬 상형문자로 말하기를 제외
한 마시고(飲), 노래하고(歌), 기뻐하고(歡), 슬퍼하는(歎) 따위 입으
로 하여 일어나는 행위를 나타내는 한자에 사용한다. 여기서 飲(마실
음)은 食部에 수록되어 있다. 欲은 「谷(계곡 곡)+欠」의 형성문자로 나
무꾼과 선녀에서 보면 계곡(谷)에서 선녀들이 목욕을 하는 것을 나무
꾼이 숨어서 입을 악 벌리고(欠) 欲望(욕망/よくぼう)에 차있다. 현대
표기법은 慾(욕심 욕)은 欲(하고자 할 욕)으로 바꾸어 표기한다.

일본 당용한자표에서 欠部에는

次欲欺款歌欧歓

---

40) 氐(근본 저)는 「氏(나무뿌리가 지상으로 나온 모습의 상형문자→뿌리 씨, 성
씨)+一(여기서 밑을 뜻함)」로 즉 나무뿌리(氏)는 밑(一)이 「근본」이라는 뜻
이다.

와 같이 7자가 수록되어 있다.

【부수한자】

> ## 歌 노래 가; 총14획; 교육한자 2학년

- **字源** 「哥(노래 가)+欠(하품 흠)」의 형성문자로 입을 벌리고 (欠) 노래(哥)를 부른다는 데서 「노래하다(うたう)」는 뜻이다.

- **筆順** | 一 口 可 哥 歌 歌 |

- **音** か

  歌曲(가곡/かきょく)・歌詞(가사/かし)

- **訓** ① うた : (명)노래.

  ② うたウ : (타5) 노래를 부르다.

> ## 歡 기뻐할 환; 총15획; 당용한자

- **字源** 「雚(황새 관)의 약자+欠(하품 흠)」의 형성문자로 황새 (雚)가 입을 악 벌리고(欠) 「기뻐하다(よろこぶ)」는 뜻이다.

- **筆順** | 二 与 乍 雈 雚 歡 |

- **音** かん

  - 歡迎(환영/かんげい)↔歡送(환송/かんそう)

- 歡喜(환희/かんき) · 歡呼(환호/かんこ)
- 哀歡(애환/あいかん) : 슬픔과 기쁨.

【雚의 약자를 기본자로 하는 한자가족】

かん=観(관) · 歡(환) · 勧(권)

▶ **観** 볼 관; 見 −총18획; 교육한자 4학년

- **字源** 「雚(황새 관)의 약자+見(볼 견)」의 형성문자로 황새(雚)가 먹이를 찾기 위해서 자세히 본다(見)는 데서 「관찰하다 · 보다(みる)」의 뜻이다.

- **筆順** 　⺈　乍　乍　雀　観　観

- **音** 　かん
  - 観光(관광/かんこう) · 景観(경관/けいかん)
  - 観相(관상/かんそう) · 悲観(비관/ひかん)

- **訓** 　みル : (타상1) 보다.

▶ **勧** 권할 권; 力 −총13획; 당용한자

- **字源** 「雚(황새 관)의 약자+力(힘 력{역})」의 형성문자로 꼬리가 작은 황새(雚)가 힘(力) 있다고 해도 그저 남에게 「권할(すすめる)」 정도이다.

- **筆順** 　⺈　乍　乍　雀　勧　勧

- **音**　かん

　　　勧誘(권유/かんゆう)・勧告(권고/かんこく)

- **訓**　すすメル : (타하1) 권하다. 권장하다.

けん=権(권)

権　권세 권; 木 –총15획; 교육한자 6학년

- **字源**　「木(나무 목)+蘿(황새 관)[41]의 약자」의 형성문자로 나무
　　　(木) 위에 메추리와 같은 작은 새(蘿)가 아래로 내려다보
　　　고 있다는 것은 대단한 「권세(權勢)」가 있다는 뜻이다.

- **筆順**　木　朾　栌　栌　栌　権

- **音**　けん

　　　- 権力(권력/けんりょく)・権利(권리/けんり)

　　　- 権威(권위/けんい)・実権(실권/じっけん)

欲　하고자 할 욕; 총11획; 교육한자 6학년)

- **字源**　「谷(골 곡)+欠(하품 흠)」의 형성문자로 계곡(谷)에서 입
　　　을 벌리고 하품(欠)을 한다는 것은 무언가 「갖고 싶다(ほ
　　　しい)」는 것을 나타낸다.

---

41) 鳥(새 조)는 꼬리가 긴 새이고 隹(새 추)는 꼬리가 짧은 새로 주로 서식지가
　　나무 위가 아니고 갈대밭이나 숲이다.

- **筆順** ［ ⼋ ⼋⼋ ⾕ ⾕ ⾕⼻ 欲 ］

- **音** よく

  ① 탐내다. 갖고 싶어 하다.

  - 欲望(욕망/よくぼう) : 무엇을 하고자 하거나 가지기를 바람.

    *「～を満(み)たす : 욕망을 채우다」

  - 欲求(욕구/よっきゅう) : 욕심껏 구함. 하고자 함.

    Ⅰ*「～不満(ふまん) : 욕구 불만」

  - 貪欲(탐욕/どんよく) : 욕심이 지나치게 많음.

  ② 욕심을 부리는 마음

  - 食欲(식욕/しょくよく) : 먹고 싶은 욕망.

    *「～不振(ふしん) : 식욕 부진」

  - 禁欲(금욕/きんよく) : 욕망. 정욕을 억제함.

  원래는 慾(욕심 욕)은 명사로서「愛慾(애욕/あいよく)・食慾(식욕/しょくよく)・無慾(무욕/むよく)・貪慾(탐욕/どんよく)」으로 사용하고 欲(하고자 할 욕)은 동사로서「欲望(욕망/よくぼう)・欲求(욕구/よっきゅう)」등으로 구별하여 사용했지만 현대표기법은 慾자는 상용한자 이외 한자이기 때문에 전부 통일해서 欲자로 바꾸어 쓴다.

- **訓** ① ほっスル : (타サ변)

  ⓐ 하려고 하다. ～되려고 하다.

  ⓑ 바라다. 원하다.

② ほシイ : (형)

　ⓐ ~하고 싶다. 가지고 싶다. 필요하다.

　　＊「お金(かね)が~ : 돈이 필요하다.」

　　＊「水(みず)が~ : 물이 마시고 싶다.」

　ⓑ ~해 주기 바란다.

　　＊「話(はなし)を聞(き)いて~ : 이야기를 들어주기 바란다.」

【谷을 기본자로 하는 비한자가족】

▶ **谷** 　골 곡; 谷 -총7획; 교육한자 3학년

- **字源** 「+口」의 회의문자로는 산을 두 개 겹친 곳에 좁은 토지(口)가 있는 곳은 「골짜기, 계곡(たに)」이라는 뜻이다. 谷을 기본자로 하면서 부수가 다른 한자 「俗(풍속 속) · 裕(넉넉할 유) · 浴(목욕할 욕)」은 전부 음이 다르다. 「俗(풍속 속)」은 「ぞく」, 「裕(넉넉할 유)」는 「ゆう」, 「浴(목욕할 욕)」은 「よく」라고 발음한다.

- **筆順**　　ノ　ハ　グ　グ　グ　谷　谷

- **音**　　こく

　渓谷(계곡/けいこく) : 계곡. 산골짜기.

- **訓**　　たに : (명) 계곡

俗 풍속 속; 人-총9획; 당용한자

- **字源** 「亻(人)+谷(골 곡)」의 형성문자이다. 사람(亻)이 계곡
  (谷)에 모여 생활하는 곳은 인간 「세상(속세)」이라는 뜻
  이다.

- **筆順** 　亻　亻丶　亻ㄅ　亻阝　俗　俗

- **音** 　ぞく

  ① 세상의 풍속

  - 風俗(풍속/ふうぞく) : 세간에서 행하여지고 있는
    생활상의 여러 가지 관습. 의식주(衣食住)나 행사
    의 풍습.

  ② 속되다. 천하다(いやしい).

  - 俗物(속물/ぞくぶつ) : 무식하고 마음이 천한 사람.
  - 低俗(저속/ていぞく) : 저급하고 비속함.

  ③ 인간세상

  - 世俗(세속/せぞく) : 세상 풍습.
  - 脱俗(탈속/だつぞく) : 세속에서 초월함.

裕 넉넉할 유; 衣-총12획; 당용한자

- **字源** 「衤(衣)+谷(골 곡)」의 형성문자이다. 옷(衣)을 계곡(谷)
  에 벗어 놓고 놀 수 있다는 것은 여유 있는 모양을 나타
  낸다.

- **筆順** | 礻 礻 礻 衤 衤 裕 裕 |

- **音**   ゆう

  ① 풍족하다.

  富裕(부유/ふゆう) : 부자. 재산가.

  ② 여유가 있다.

  余裕(여유/よゆう) : 넉넉하고 남음이 있음.

▶ **浴** 목욕할 욕; 水 −총10획; 교육한자 4학년

- **字源**   「氵=水(물 수)+谷(골 곡)」의 형성문자로 더운 여름에 계곡에 가서 물(氵=水)을 계곡(谷)에서 퍼 자기 몸에 「끼얹는(あびる)」것을 말한다.

- **筆順** | 氵 氵 氵 沁 沦 浴 浴 |

- **音**   よく

  - 海水浴(해수욕/かいすいよく)

  - 日光浴(일광욕/にっこうよく)

  - 浴室(욕실/よくしつ)・入浴(입욕/にゅうよく)

- **訓**   あビル : (자상1) 탕에 들거나 물을 몸에 끼얹다.

  あビセル : (타하1) 물 등을 끼얹다.

▷ **欺** 속일 기; 총12획; 당용한자

- **字源**   「其(그 기→네모나다)+欠(하품 흠)」의 형성문자로 네모

나게(其) 정직한 사람이 하품(欠)을 한다는 것은 무엇인가 상대를 속이고 있는 것이다. 따라서 「속이다(あざむく)」의 뜻이다.

- **筆順** 一 艹 艹 苴 苴 苴 甚 欺 欺

- **音** ぎ

  - 詐欺(さぎ) : 못된 꾀로 남을 속임.
  - 欺瞞(기만/ぎまん) : 남을 그럴듯하게 속임.

- **訓** あざむク : (타5) 속이다.

【其를 기본자로 하는 한자가족】

> 其 그 기; 八 −총8획; 상용한자이외한자

- **字源** 其[42]는 곡식 등을 까불러 쭉
  정이나 티끌을 골라내는 키
  를 본뜬 상형문자로 「네모
  지다(しかくい)」의 뜻이다.
  其를 기본자로 하는 한자

키

「其 · 期 · 旗 · 基 · 欺 · 棋 · 碁」는 전부 「기」라고 발음한다.

- **訓** その : 사람이나 사물을 지시하는 말

---

42) 한자의 현재 사용법은 사람이나 사물을 지시하는 용법으로 「その」라고 읽는다.

▶ 期　기약할 기; 月-총12획; 교육한자 3학년

- **字源**　「其+月(달 월)」의 형성문자이다. 달(月)이 지구를 한 바
  퀴 도는 순환은 네모나게(其) 규칙적이다.

  上弦 → 満月

  　↑　　↓

  朔望 ← 下弦

  와 같이 정확하게 한 바퀴 되돌아온다. 따라서「周期(주
  기/しゅうき)」, 즉「때」(時)를 뜻한다.

- **筆順**　

- **音**　き

  - 時期(시기/じき)・満期(만기/まんき)

  - 期限(기한/きげん)・期間(기간/きかん)

▶ 旗　기 기;方 -총14획; 교육한자 4학년

- **字源**　「方(방향 방 : 깃발을 뜻함)+𠂉(人)+其」의 형성문자이
  다. 사람(𠂉)[43]이 네모난(其) 깃발(方)을 들고 있는 모습
  으로 전체적으로「깃발(はた)」의 뜻이다.

- **筆順**　𠆢 方 㫃 斿 旍 旗

- **音**　き

---

43) 여행사 가이드

国旗(국기/こっき)・校旗(교기/こうき)

- **訓**　はた : (명) 깃발.

▶ **基**　터 기; 土 -총11획; 교육한자 5학년

- **字源**　「其+土(흙 토)」의 형성문자로 집을 지을 때 바닥에 흙 (土)을 네모나게(其) 만든 「터(もと)」라는 뜻이다.

- **筆順**　| 一 　卝 　其 　其 　基 |

- **音**　き
  - 基金(기금/ききん)・基準(기준/きじゅん)
  - 基盤(기반/きばん)・基本(기본/きほん)

- **訓**　① もと : (명) 토대. 기초. 근본.
  　② もとヅク : (자5) 기초로 하다.

▶ **棋**　장기 기; 木 -총12획; 당용한자

- **字源**　「木(나무 목)+其」의 형성문자로 네모나게(其) 만든 판 위에서 나무(木)로 만든 말을 사용해서 노는 「장기(しょうぎ)」를 뜻한다.

- **筆順**　| 木 　朾 　枏 　柑 　棋 　棋 |

- **音**　き・ぎ
  - 棋士(기사/きし) : 바둑이나 장기를 잘 두는 사람.
  - 将棋(장기/しょうぎ)

> **碁** 바둑 기; 石 −총13획; 당용한자

- **字源** 「其+石(돌 석)」의 형성문자로 네모나게(其) 만든 판 위
  에서 돌(石)로 만든 알을 사용해서 노는 「바둑(ご)」을 뜻
  한다.

- **筆順** 亻 亻 信 信 信 信

- **音** ご

  - 碁石(ごいし) : 바둑알.
  - 賭碁(かけご) : 내기 바둑.
  - 相碁(あいご) : 맞바둑.

3 彡(터럭삼방; さんづくり)

「머리털」이 보기 좋게 자란 모양을 본뜬 글자로 이 글자의 모양에
잘 어울리는 한자가 털이 수북한 尨(삽살개 방)인 것 같다. 하지만 이
한자는 彡部에 수록되어있지 않고 尤部에 수록되어 있다. 마찬가지
로 須(모름지기 수)도 彡가 들어가 있지만 彡部에 수록되어 있지 않고
頁部에 수록되어 있다. 須[44]는 터럭 삼(彡)에 머리 혈(頁)을 합친 자
로 사람은 머리(頁)에 털(彡)이 나는 것은 「당연하다」는 뜻으로 사용
한다. 彦(선비 언)은 形(모양 형)은 彫(새길 조)는 두루 주(周)에 터럭
삼(彡)를 합친 자로 무늬(彡)를 두루 조밀하게(周) 새겨 놓는다는 데

---

44) 必須(필수/ひっしゅ)

서 「새기다」는 뜻이다.

일본 당용한자표에서 彡部에는

形彩彫彰影

와 같이 5자가 수록되어 있다.

【부수한자】

▷ 形 　모양 형; 총7획; 교육한자 2학년

- 字源 「井(우물 정)의 변형+彡(터럭 삼)」의 회의문자이다. 우물(井)에 비친 여인의 긴 머리털(彡)의 「모습·형상(か た)」을 뜻한다.

- 筆順 一 二 テ 开 形 形

- 音 　ぎょう·けい
  - 形体(형체/けいたい)·形容詞(형용사/けいようし)
  - 形成(형성/けいせい)·形相(형상/ぎょうそう)

- 訓 　かた·かたち(명) : 모양.

▷ 彫 　새길 조; 총11획; 당용한자

- 字源 「周(두루 주)+彡(터럭 삼)」의 형성문자이다. 두루두루

(周) 머릿결(彡)까지 세세하게 「새기다(호르)」는 뜻이다.

- 筆順　
- 音　ちょう
　　－彫刻(조각/ちょうこく)
- 訓　ほル : (타5) 조각하다.

▷ 彩　무늬 채; 총11획; 당용한자

- 字源　「采(캘 채)⁴⁵⁾+彡(터럭 삼)」의 형성문자이다. 캔(采) 나물이 머릿결(彡)처럼 윤기가 빛나고 무늬가 있다는 데서 「무늬(あや)」라는 뜻이다.
- 筆順　
- 音　さい
　　－彩色(채색/さいしき) : 그림에 색을 칠함.
- 訓　いろどル : (타) 색칠하다. 장식하다.

▷ 彰　밝을 창; 총14획; 당용한자

- 字源　「章(글 장)⁴⁶⁾+彡(터럭 삼)」의 형성문자이다. 글(章)을 머

---

45) 「爫=爪(손톱 조)의 변형+木(나무 목)」의 회의문자로. 손톱(爫)으로 나무(木)를 「캐다(とる)」는 뜻이다.
46) 「音(소리 음)+十(열 십)」의 회의문자로. 소리(音)를 많이(十) 적은 것이 「문

리털(彡)과 같은 붓으로 써서 그 뜻을 「밝히다 · 증명하다 · 표현하다」는 뜻이다. 나아가 빛나니 「드러나다 · 나타내다」는 뜻으로 사용한다.

- **筆順** 亠 立 咅 音 章 彰
- **音** しょう
  - 表彰(표창/ひょうしょう) : 공적이나 선행 따위를 널리 세상에 알려 칭찬함.

影 그림자 영; 총15획; 당용한자

- **字源** 「景(별 경)+彡(터럭 삼)」의 회의문자이다. 햇빛(景)이 나니 머리털(彡)의 「그림자(かげ)」가 생긴다는 뜻이다.
- **筆順** 日 旦 昌 景 景 影
- **音** えい
  - 影響(영향/えいきょう) : 사물이나 사람의 고유한 성질이 다른 사물이나 사람에 미치는 작용.
- **訓** かげ : (명) 그림자.
- **훈독숙어** 影法師(かげぼうし) : 빛이 들어 미닫이나 땅 위에 비친 사람의 그림자.

장」이라는 뜻이다.

03

冠(머리/かんむり)

1 宀(갓머리/うかんむり)

지붕이 덮어씌워져 있는 집의 모양을 본뜬 상형문자로 포괄적인 의미의 집을 뜻한다. 집의 종류(주로 좋은 집이나 관청)나 그와 관련된 현상이나 집을 중심으로 가족과 가문이 형성되었기에 조상의 위패를 모시는 종묘를 뜻하는 한자에 사용하고 또는 넓은 공간을 뜻하는 한자에도 사용한다. 갓 모양으로 글자의 머리 부분에 사용되기 때문에 갓머리(うかんむり)라고 부른다.

家(집 가)는 「宀(갓머리 부수) + 豕(돼지 시)」의 회의문자이다. 옛사람들이 지붕을 나타내는 갓머리 부수(宀)와 돼지 시(豕)를 합친 한자인 가(家)를 만들었다면 마땅히 「돼지우리」라는 뜻이어야 하는데 왜 「돼지우리」를 「사람이 사는 집」이라는 뜻으로 사용한 것일까? 이것에 대해서 중국의 문자 학자들은 許慎 이래 근 2천년이나 연구하고 고증(考証)을 하여 왔으나, 오늘날까지도 정확한 결론을 내리지 못하고 시비(是非)의 논쟁을 계속하고 있다. 필자(筆者)는, 돼지라는 동물은 옛날부터 중요한 가축(상업용이 아닌 가정의 식용)으로 인가(人

家)에서 모두 길렀기 때문에 이 가(家)라는 한자가 「사람이 사는 집」
이라는 뜻으로 사용된 것으로 추측한다. 그 좋은 예가 제주도 똥돼지
(사료도 먹지만 사람의 똥을 먹고 자란 돼지)이다. 1980년도 이전만
해도 제주시를 조금 벗어나면 일반 민가(民家)에서 쉽게 볼 수 있었지
만 지금은 성읍 민속촌에서만 볼 수 있는 것 같다. 이와 같은 것은 물
론 중국의 영향이겠지만 제주도 똥돼지란 사람이 사는 집안에 변소가
따로 없고 돼지우리가 변소의 역할을 하는 것이다. 그런 점에서 가옥
(家屋)의 구조를 보면, 집안의 돼지우리 바로 옆에 사람이 모여 산다.
따라서 「집」이라는 뜻으로 사용하게 된 것으로 추측한다.

宗(마루 종)은 「宀(갓머리 부수) + 示(보일 시)」의 회의문자로 지붕
(宀) 아래에 설치된 제단(示), 즉 사당을 뜻한다.

宇(집 우)는 「宀(갓머리 부수) + 于(어조사 우)」로 『漢字源』에 의하
면, 宇는 「ⓐ큰 지붕과 같은 大空에 뒤덮인 世界[47]. ⓑ天子가 統治하는
世界.」[48]라고 한다.

宙(집 주)는 「宀(갓머리 부수) + 由(말미암을 유)」로 지붕(宀)에 의
지한(由) 집이라는 뜻으로 나아가 하늘을 지붕이라고 생각하는 천지
공간을 말한다.

容(얼굴 용)은 「宀(갓머리 부수) + 谷(골짜기 곡)」의 회의문자로 집
(宀)안에 욕실(谷)에서 깨끗이 씻고 나면 가장 아름다운 容貌(용모/
ようぼう)라는 뜻이고, 또는 집(宀)안처럼 포근하게 골짜기(谷)처럼
깊게 무엇이나 받아들이고 「容赦[49](ようしゃ)」하다는 뜻이다

---

47) 宇宙(우주/うちゅう)
48) 藤堂明保編(1988), 『漢字源』 学習研究社.
49) 容(얼굴 용)/赦(용서할 사)→용서

일본 당용한자표에서 宀部에는

宅宇守安完宗官宙定宜客宣室宮宰害宴家容宿寂寄密富寒察寡
寝実寧審写寛

와 같이 33자가 수록되어 있다.

【부수한자】

▷ **守** 지킬 수; 총6획; 교육한자 3학년

- **字源** 「宀(갓머리 부수) + 寸(마디 촌, 촌수 촌)」의 회의문자
  로 집(宀)에 는 촌수(寸)를 따지며 법도를 「지키다(まも
  る)」의 뜻이다.

- **筆順** ｜ 宀 宀 守 守

- **音** しゅ・す
  - 守備(수비/しゅび)
  - 留守(るす) : 부재중.

- **訓** まもル : (타5) 지키다.

▷ **安** 편안할 안; 총6획; 교육한자 3학년

- **字源** 「宀(갓머리 부수) + 女(계집 여)」의 회의문자로 여자(女)

가 집(宀)안에 있으니 집안일을 돌보아 「편안(平安/へい
あん)하다」는 뜻이다.

- **筆順**

- **音** あん

  ① 무사하다; 걱정이 없다. ↔危(위태할 위)

  - 安否(안부/あんぴ)・安全(안전/あんぜん)
  - 平安(평안/へいあん)・治安(치안/ちあん)
  - 慰安(위안/いあん)・安心(안심/あんしん)
  - 安寧(안녕/あんねい)・安静(안정/あんせい)
  - 安住(안주/あんじゅう)・安定(안정/あんてい)

  ② 가격이 싸다(ねだんがやすい).

  - 安価(안가/あんか) : 싼값. 염가. ↔高価(고가/こう
    か)

- **訓** ① やすイ : (형) 값이 싸다. ↔高(たか)い

  ② やすラグ : (자5) 편안한 마음이 되다. 안정되다.

定 정할 정; 총8획; 교육한자 3학년

- **字源** 「宀(갓머리 부수) + 疋(下+人)」의 형성문자로 집(宀) 아
  래(下) 사람(人)이 살 곳을 「정하다(さだめる)」의 뜻이
  다.

- **筆順**

- **音** じょう・てい

- 定規(じょうぎ) : 자(길이를 재는 데 쓰는 도구).
- 決定(결정/けってい)

- **訓**　① さだマル : (자5) 정해지다. 결정되다.
　　　② さだメル : (타하1) 정하다. 결정하다.

宮　집 궁; 총10획; 교육한자 3학년

- **字源**　「宀(갓머리 부수) + 呂(음률 려{여})」의 형성문자로 지붕(宀) 아래에 창문이 아래위(呂)로 난 높은 지상 「궁(みや)」을 뜻한다.

- **筆順**　宀宀宀宮宮宮宮

- **音**　きゅう・ぐう・く
- 宮殿(궁전/きゅうでん) : 임금이나 왕족이 거처하는 집.
- 神宮(신궁/じんぐう) : 신을 모신 궁.
- 宮内省(くないしょう) : 황실에 관한 사무를 맡아 보는 관청.

- **訓**　みや : (명) 궁(임금이 거처하는 곳).

宿　묵을 숙; 총11획; 교육한자 3학년

- **字源**　「宀(갓머리 부수) + 佰(일백 백)」의 형성문자로 집(宀)에 사람(イ=人)이 많이(百) 「머물다(やどる)」의 뜻이다.

- **筆順** 宀 宀 宀 疒 宿 宿

- **音** しゅく

  宿泊(숙박/しゅくはく) ・ 宿所(숙소/しゅくしょ)

- **訓** やど : (명) 여관. 숙소.

  やどル : (자5) 머물다. 숙박하다.

寒 찰 한; 총12획; 교육한자 3학년

- **字源** 塞[50](변방 새)의 윗부분에 冫(얼음 빙 : こおり)을 합친
  회의문자이다. 지붕(宀) 아래의 바닥(一) 위로 쌓은 벽
  (井)의 갈라진 틈(八)으로 차가운(冫) 바람이 들어오는
  모양에서 「춥다(さむい)」는 뜻으로 사용한다.

- **筆順** 宀 宀 宷 寎 寒 寒

- **音** かん

  ① 춥다. ↔暑(あつ)い

  - 寒気(한기/かんき) : 추위.

  - 悪寒(오한/おかん) : 발열 때문에 으슬으슬 추위를
    느끼는 것.

  - 寒暖計(한란계/かんだんけい) : 기온의 고저를 측
    정하기 위한 온도계.

  ② 물자(物資) ・ 재산(財産)이 부족하다.

---

50) 지붕(宀) 아래의 바닥(一) 위로 쌓은 벽(井)의 갈라진 틈(八)을 흙(土)으로
막는다는 뜻에서 요새, 또는 변방의 뜻으로 사용한다.

貧寒(빈약/ひんかん) : 가난하고 힘이 없음.

- **訓** さむイ : (형) 춥다. ↔暑(あつ)い
- **훈독숙어** 寒空(さむぞら) : 겨울의 추운 날씨. 차가운 겨울 하늘.

▷ **完** 완전할 완; 총7획; 교육한자 4학년

- **字源** 「宀(갓머리 부수) + 元(으뜸 원)」의 형성문자로 집(宀)을 으뜸(元)으로 「완전하게」 잘 지었다는 뜻이다.
- **筆順** ｜丶宀宀宀宀完完
- **音** 完全(완전/かんぜん)・完成(완성/かんせい)

▷ **宅** 댁 댁{집 택}; 총6획; 교육한자 6학년

- **字源** 「宀(갓머리 부수) + 乇(의탁할 탁)」의 형성문자로 지붕(宀) 아래 의탁해서(乇) 사는 곳은 「집(たく)」이라는 뜻이다.
- **筆順** 丶宀宀宀宅宅
- **音** たく

  宅地(택지/たくち) : 집의 대지.

❷ ⧺(艸)(초두머리/くさかんむり)

艸는 초목의 새싹이 돋아나는 모양(艸)을 본뜬 상형문자로 머리로 사용하는 부수로 쓰일 때는 ⧺의 모양으로 사용하는데 풀의 싹을 나타내는 한자에 사용한다. 苗(모 묘)는 논(田)에서 자라는 어린 싹(⧺)을 말하는 것이고, 荒(거칠 황)은 풀(⧺)이 끝없이 펼쳐져 있지 않는 (巟 : 망할 황) 황량한 곳을 말한다. 그리고 ⧺가 머리로 사용하지만 식물과 관계가 없는 「万(일만 만)·若(같을 약)」라는 한자도 있다.

일본 당용한자표에서 艸部에는

芋芝花芳芽苗若苦英茂茶草荒荷荘茎菊菌菓菜華万落葉琉葬蒸蓄薄薦薪砠蔵芸薬藩

와 같이 36자가 수록되어 있다.

【부수한자】

> **草** 풀 초; 총9획; 교육한자 1학년

- **字源** 「⧺(풀 초)+早(새벽 조)[51]」의 형성문자로 풀(⧺) 중에서 이른(早) 봄에 처음으로 돋아난 「풀(くさ)」을 뜻한다.

---

51) 「日(해 일)+一(지평선)+丨(뚫을 곤)」의 회의문자로 해(日)가 지평선(一)을 뚫고 (丨) 떠오르는 때는 이른 「새벽」이라는 뜻이다.

- **筆順**　┌─────────────────┐
　　　　　│ 艹 艻 苩 苩 草 │
　　　　　└─────────────────┘
- **音**　　そう・ぞう

　　　　草稿(초고/そうこう) : 글의 맨 처음 쓴 초벌 원고.

　　　　草履(ぞうり) : 일본 짚신.
- **訓**　　くさ(명) : 풀.

> ## 花　꽃 화; 총7획; 교육한자 1학년

- **字源**　「艹(풀 초)+化(될 화)[52]」의 형성문자로 풀(艹)이 변하여
　　　　(化)「꽃(はな)」이 된다는 뜻이다.

- **筆順**　┌─────────────────────┐
　　　　　│ 一 艹 艻 芢 芢 花 │
　　　　　└─────────────────────┘
- **音**　　か

　　　　花壇(화단/かだん)・花粉(화분/かふん)
- **訓**　　はな : (명) 꽃.
- **훈독숙어**　　花嫁(はなよめ) : 신부.

　　　　　　　花見(はなみ) : 꽃구경.

　　　　　　　花火(はなび) : 불꽃.

> ## 茶 [53]　차 다, 차 차; 총9획; 교육한자 2학년

- **字源**　「艹(풀 초)+人(사람 인)+ホ(木)」의 형성문자로 사람(人)

---

52)「亻=人(사람 인)+匕(비수 비)」의 회의문자로 사람(亻)에게 비수(匕)를 갑자
기 들이대면 표정이 「변화하다」는 뜻이다.

이 풀(艹)잎과 나무(木)잎을 끊여 마시는 「차(おちゃ)」를 뜻한다.

- **筆順** 　 サ ヲ 芝 荶 茶 茶
- **音** 　ちゃ・さ
  - お茶(ちゃ) : 차의 공손한 말.
  - 喫茶店(きっさてん) : 차를 파는 집.

苦 쓸 고; 총8획; 교육한자 3학년

- **字源** 「艹(풀 초)+古(옛 고)⁵⁴)」의 형성문자로 풀(艹)이 오래(古) 되면 「쓰다(にがい)」는 뜻이다.
- **筆順** 　 サ 芐 芒 芦 苦 苦
- **音** 　苦心(고심/くしん) : 애를 태우며 마음을 씀.

  　　苦情(くじょう) : 불평. 불만.
- **訓** 　① にがイ : (형) 쓰다. ② くるシイ : (형) 괴롭다.

芽 싹 아; 총7획; 교육한자 4학년

- **字源** 「艹(풀 초)+牙(어금니 아)⁵⁵)」의 형성문자로 풀(艹)이 어

---

53) 사람이 죽을 때 화장하는 것을 「茶毘(だび)」라고 말한다. 이때 한자 茶는 茶의 ホ 위에 一이 있다.

54) 「十(열 십)+口(입 구)」의 회의문자로 말한 것이 벌써 열(十) 사람의 입(口)을 통해서 전해졌다는 것은 새로운 것이 아니고 「옛・오래되다」는 뜻이다.

55) 입을 다물었을 때 아래위의 어금니가 맞닿은 모습을 본뜬 상형문자이다.

금니(牙)처럼 돋아나는「새싹(め)」을 뜻한다.

- **筆順** ⎡艹 艹 艹 芒 芽 芽⎦

- **音** が

  - 麦芽(맥아/ばくが) : 보리 싹.

  - 発芽(발아/はつが) : 싹이 틈.

- **訓** め(명) : 싹. 눈.

▷ **英** 꽃부리 영; 총8획; 교육한자 4학년

- **字源** 「艹(풀 초)+央(가운데 앙)」의 형성문자로 식물(艹)의 중
  앙(央)은「꽃부리」를 뜻하고 꽃부리처럼 아름답고 빛난
  다는 데서「영웅(えいゆう)」이라는 뜻으로 사용한다.

- **筆順** ⎡一 艹 艹 苧 英 英⎦

- **音** えい

  - 英雄(영웅/えいゆう)

  - 英才(영재/えいさい) : 뛰어난 재주.

▷ **若** 같을 약; 총8획; 교육한자 6학년

- **字源** 「艹(풀 초)+右(오른쪽 우)」의 회의문자이다. 논에 모(艹)
  를 심을 때 좌측에서 우측으로 심어 간다. 이때 좌측의 모
  (艹)보다 우측(右)에 심은 모(艹)가 더「어리다(わかい)」
  는 뜻이다.

- **筆順** [艹 艹 芢 芢 若 若]
- **音** じゃく・にゃく
  - 若年(약년/じゃくねん) : 나이가 젊음. ↔老年(노년/ろうねん)
  - 若干(약간/じゃっかん) : 정도나 양 따위가 많지 않음.
  - 老若(노약/ろうじゃく・ろうにゃく) : 늙은이와 젊은이.
- **訓** わかイ : (형) 젊다. 어리다.

③ 网(罒)(그물망머리/あみがしら)

이 부수를 「그물망 머리/あみがしら」이라고 하는데 축구 골대와 같이 지면에 세운 두 개의 기둥 사이에 그물을 걸쳐서 편 모습을 본뜬 상형문자이다. 이 한자만으로 그물(あみ=ネット)이라는 뜻을 나타낸다. 이 한자에 음부(音符)의 亡(망할 망)을 첨가해서 罔(그물 망)이라고 하고, 다시금 糸(いと)를 붙여서 網(그물 망)이라고 했다. 이 한자가 실제적으로 뜻을 나타내는 부수로 사용해서 다른 음부와 결합해서 형성문자를 만들 때는 罒(5획)의 형태로 변한다. 따라서 눈 목(目)을 옆으로 한 형태이기 때문에 「よこめ」라고도 말한다. 이 부수에는 그물의 형태나 종류, 혹은 그물을 사용해서 행해지는 동작이나 얽어매다는 뜻을 나타내는 한자가 수록되어 있다.

置(둘 치)는 「罒+直(곧을 직)」의 형성문자로 고기를 잡기 위해서

강에 그물(罒)을 바르게(直) 쭉 그대로 쳐 두는 것에서 放置(방치/ほ
うち)라는 뜻이다.

罵(꾸짖을 리{이})는 「罒+言(말씀 언)」의 회의문자로 법의 그물(罒)
에 잡힌 사람을 몹시 나무라는(言) 것에서 「욕하다(ののしル)」라는
뜻이 되는데

    罵詈雜言(ばりぞうごん) : 온갖 욕지거리.

    罵詈讒謗(ばりざんぼう) : 험담을 퍼붓거나 입정 사납게 상대방을
                                    비방하는 것.

와 같은 용례가 있다.

그리고 주의해야할 것은 買(살 매)는 그물망 부수에 수록이 되어있
지 않고 貝部에 수록되어 있다.

일본 당용한자표에서 网部에는

    罪置罰署罷

와 같이 5자가 수록되어 있다.

【부수한자】

▷ **置** 둘 치; 총13획; 교육한자 4학년

- **字源** 置(둘 치)는 置=「罒+直(곧을 직)」의 형성문자로 고기를

잡기 위해서 강에 그물(罒)을 바르게(直) 쭉 그대로 쳐
두는 것에서 「放置(방치/ほうち)」라는 뜻이다.

- **筆順**　罒 罒 署 署 署 置
- **音**　ち

  設置(설치/せっち)
- **訓**　おク : (타5) 두다.

▷ **罪**　허물 죄; 총13획; 교육한자 5학년

- **字源**　「罒+非(아닐 비)」의 회의문자로 법망(罒)에 어긋난(非)
  일을 해서 잡힌 「罪人(죄인/ざいにん)」이라는 뜻이다.
- **筆順**　罒 罒 罪 罪 罪 罪
- **音**　ざい

  － 罪質(죄질/ざいしつ) · 罪責(죄책/ざいせき) · 犯罪
  (범죄/はんざい)
- **訓**　つみ(명) 죄.

▷ **署**　관청 서; 총14획; 교육한자 6학년

- **字源**　「罒+者(놈 자)」의 회의문자로 법의 그물(罒)과 같은 곳
  에서 사람(者)을 다스리는 곳은 「警察署(경찰서/けいさ
  つしょ)」라는 뜻과 빠져나갈 수 없을 만큼 촘촘한 그물
  (罒)과 같이 사람(者)이 책임진다고 「署名(서명/しょめ

い)」⁵⁶⁾한다는 뜻이다.

- **筆順**
  丷 罒 罗 罗 罗 署

- **音** しょ
  署長(서장/しょちょう)

罰 벌줄 벌; 총14획; 당용한자

- **字源** 「罒+言(말씀 언)+刂(칼 도)」 또는 「詈(꾸짖을 리{이}+刂(칼 도)」의 회의문자로 법의 그물(罒)에 잡힌 죄인을 몹시 나무라면서(言) 칼(刂)로 위협하는 것이 「刑罰(형벌/けいばつ)」이다.

- **筆順**
  丷 罒 罒 詈 詈 罰

- **音** ばつ
  罰金(벌금/ばっきん)

罷 방면할 파; 총15획; 당용한자

- **字源** 「罒+能(능할 능)⁵⁷⁾」의 회의문자로 법망(罒)에 걸리면 아무리 유능한(能) 사람도 「罷免(파면/ひめん)당한다」는

---

56) 행위자가 책임을 분명하게 하기 위하여 문서 따위에 자기의 이름을 써넣는 것을 말한다.

57) 態(모양 태; 心-총14획) 능히(能) 할 수 있다는 마음(心)이 얼굴에 티가 나는 것에서 「모양」이라는 뜻이다.

뜻이다.

- **筆順** `罒 罒 胃 胃 罷 罷`
- **音** ひ

　– 罷業(파업/ひぎょう) : 하던 일을 중지함.
- **訓** やめる(타5) : 직장을 그만두다.

④ 尸(주검시머리/しかばねかんむり)

　죽어서 누워 있거나, 엉거주춤하게 서있는 사람의 모습을 옆에서 본 모습으로 상형문자이다. 따라서 죽은 시체를 뜻하기도 하지만 산 사람을 뜻하기도 한다. 부수로서 사용할 때는 주검시머리(しかばねかんむり)라고 말한다. 이 부수는 尿(오줌 뇨), 屎(똥 시), 尾(꼬리 미)와 같이 깨끗하지 못한 것, 屍(주검 시), 屠(잡을 도)와 같이 죽음 등을 뜻하고, 또 하나는 屋(집 옥), 層(층 층), 屢(창 루{누}), 居(거주할 거) 등과 같이 주거 생활에 관련된 한자를 나타낸다.

　屎(똥 시)는 엉거주춤 서있는 사람의 엉덩이(尸) 부분에 똥(米)이 나오는 모습을 나타낸 것이다. 아마도 먹은 쌀(米)이 똥으로 변한다는 의미에서 똥을 쌀 미(米)로 나타낸 것 같다.

　尺(자 척)은 몸(尸) 구부리고(乀) 길이를 재는 것을 뜻한다.

　일본 당용한자표에서 尸部에는

尺尼尾尿局居届屈屋展層履属

와 같이 13자가 수록되어 있다.

【부수한자】

局 장면 국; 총7획; 교육한자 3학년

- **字源** 「尸+句(글귀, 문장이 끊어지는 곳)의 변형」의 회의문자
로 지붕(尸) 아래 사무실을 칸을 나누어(句) 사무를 맡아
보는 곳을 뜻이다.

- **筆順** ｜ ７ ７ 尸 尸 局 局

- **音** きょく
  - 局限(국한/きょくげん) : 범위를 어떤 일부로 한정하
는 것.
  - 放送局(방송국/ほうそうきょく)

屋 집 옥; 총9획; 교육한자 3학년

- **字源** 「尸(몸 시)+至(이를지)」의 회의문자로 몸(尸)이 이르러
머무를 수 있는 곳은 「집(や)」이라는 뜻이다.

- **筆順** ｜ 尸 尸 尸 层 屋 屋

- **音** おく
  屋外(옥외/おくがい)

- **訓** や(명) 집. 지붕.

• **훈독숙어**   屋敷(やしき) : 저택.

居 있을 거; 총8획; 교육한자 5학년

• **字源**   「尸(몸 시)+古(옛 고)」의 형성문자로 몸(尸)이 오래(古) 머물러「있다(いる)」는 뜻이다.

• **筆順**   一 ゴ 尸 尸 屈 居

• **音**   きょ

  - 居室(거실/きょしつ)

• **訓**   いル : (자상1) 있다.

• **훈독숙어**   居眠(いねむ)り : (명) ⓐ (앉아서) 졺. ⓑ 말뚝잠.

尿 오줌 뇨; 총7획; 당용한자

• **字源**   「尸(몸 시)+水(물 수)」의 회의문자로 엉거주춤 서있는 사람의 엉덩이(尸) 부분에 오줌(水)이 나오는 모습을 나타낸 것이다.

• **筆順**   一 ゴ 尸 尸 尽 尿

• **音**   にょう

  - 尿道(요도/にょうどう) : 오줌을 방광으로부터 몸 밖으로 배출하는 관.

尾 꼬리 미; 총7획; 당용한자

- **字源** 「尸(몸 시)+毛(털 모)」의 회의문자로 엉거주춤 서있는 사람의 엉덩이(尸) 부분에 털(毛)이 나있는 모습을 나타낸 것이다.

- **筆順**

ｱ	ｱ	尸	尸	尼	尾

- **音**　び

  - 尾行(미행/びこう) : 어떤 사람의 뒤를 몰래 밟음

  - 船尾(선미/せんび) : 배의 뒷부분

  - 竜頭蛇尾(/りゅうとうだび) : 머리는 용, 꼬리는 뱀이라는 뜻으로 시작은 훌륭하지만 끝은 보잘것없다

- **訓**　お : (명)꼬리.

04

脚(발/あし)

儿(어진사람인발/にんにょう)

사람이 무릎을 꿇고 있는 모양을 본뜬 문자로 거기에서 겸손한 사람이나 어진 마음의 상태나 또는 사람의 겉모습이나 혹은 사람의 행동을 나타내는 문자로 사용되지만 단 2획이라는 아주 간단한 구조이기 때문에 이것과는 관계가 없는 한자에도 이 부수가 사용되고 있다는 것은 字形을 정리하기 위해서도 사용되었다고 본다.

光(빛 광)은 갑골문자를 보면 불(火)을 사람이 무릎을 꿇고 (儿) 들고 있는 모습을 나타내는 회의문자이다. 즉 이 한자는 고대 제사에서 불(火)을 관리하는 사람(儿)이라는 것으로 여기서 「빛(ひかり)」 또는 「빛나다(かがやク)」라는 뜻으로 사용되었다.

克(이길 극)은 「古(옛 고) + 儿(사람 발의 형태)」의 회의문자로, 오래(古) 무릎을 꿇고 참는 사람(儿)이 「이기다」는 뜻이다.

免(면할 면)은 갑골문자를 보면 산모가 사타구니를 벌리고 아기를 낳으려고 하고 있는 모습이다, 그래서 아기가 母体에서 빠져 나온다는 것에서 「まぬがレル・ぬケル」라는 뜻으로 사용하게 되었다.

児(아이 아)는 兒의 약자로 윗부분은 아이의 머리를 중앙
으로 둘로 나누어 좌우의 귀 윗부분에서 댕기머리 모양으
로 묶은 모습을 나타낸다. 따라서 전체적으로 보면 아이가 무릎을 꿇
고(儿) 머리를 묶고 있는 모습을 나타낸 상형문자이다.

일본 당용한자표에서 儿部에는

元兄充兆先光克免児

와 같이 9자가 수록되어 있다.

【부수한자】

先 먼저 선; 총6획; 교육한자 1학년

- **字源** 「丿(방향을 표시함) + 土(흙 토) + 儿(사람 발의 형태) =
  先」의 회의문자이다. 가야할 방향(丿)으로 흙(土) 위를
  발(儿)로 걸어서 먼저 간다는 데서 「먼저(さき)」라는 뜻
  이다.

- **筆順** 丿 ⺅ ⺌ 生 牛 先

- **音** せん
  ① 공간적(空間的)으로 앞. 나아가고 있는 방향의 가장 앞.
  – 先頭(선두/せんとう)・先駆(선구/せんく)

- 先導(선도/せんどう)・率先(솔선/そっせん)

② 시간적(時間的)으로 앞.

- 先約(선약/せんやく)・先祖(선조/せんぞ)

- 先日(せんじつ) : 지난날. 전일. 일전.

- 先代(선대/せんだい) : 현재 살고 있는 사람의 앞 대.

- 先週(せんしゅう) : 지난주.

- 先輩(선배/せんぱい)←後輩(후배/こうはい)

- **訓**　① さき : (명) ⓐ끝. ⓑ선두(先頭). ⓒ도착할 곳. ⓓ장래.
　　② まズ : (부) 먼저. 우선.

- **훈독숙어**　旅先(たびさき) : 여행지.
　　　　　指先(ゆびさき) : 손가락 끝.

▷ **元**　으뜸 원; 총4획; 교육한자 2학년

- **字源**　「二(두 이) + 儿(사람 발의 형태)」의 회의문자로 갑골문
자를 보면 사람의 머리를 강조한 인체를 본뜬 상형문자
이다. 즉 커다란 머리 형태(二)를 표시하고 그 아래에 사
람 발의 형태(儿)로 원래는 인간의 목을 뜻하는 한자로,
목이 인체의 가장 위에 있고 가장 중요하기 때문에 이
한자의 뜻은 「① 으뜸, 우두머리 ② 처음, 시작 ③ 근본」
으로 사용한다. 우리가 자주 사용하는 元首(원수/げん
しゅ)라는 말도 원래는 인간의 목을 뜻하는 말인데 그 뜻
이 확장되어 「국왕」이라는 뜻을 나타낸다.

- **筆順** 　一　二　テ　元

- **音**　　がん・げん

　　　　- 元日(がんじつ)/元凶(원흉/げんきょう)

- **訓**　　もと : (명) 본래. 이전.

兄　맏 형; 총5획; 교육한자 2학년

- **字源**　「口(사람의 머리 부분을 표시) + 儿(사람 발의 형태)」의
　　　　구조로 상형문자이다. 큰 머리를 가진 사람이라는 것에
　　　　서 연장자라는 뜻을 나타낸다. 고대 연장자(兄)는 제단
　　　　(示) 위에 제물을 올려놓고 비는 사람이다. 따라서 祝(빌
　　　　축)와 같은 한자가 만들어진 것이다. 競(겨룰 경)은 두 형
　　　　(兄)들이 마주보고 서서(立 : 설 립{입}) 「서로 겨루다」는
　　　　뜻이다.

- **筆順** 　丨　冂　口　尸　兄

- **音**　　けい・きょう

　　　　- 兄姉(けいし)/兄弟(형제/きょうだい)

- **訓**　　あに : (명) 형.

- **훈독숙어**　　兄嫁(あによめ) : 형수. 형의 아내.

兆　조짐 조; 총6획; 교육한자 4학년

- **字源**　이 한자는 고대 거북 등껍질로 점을 치던 시절에 갈라진

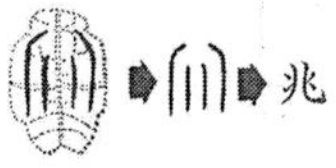

등껍질을 본뜬 상형문자로 갈라진 등껍질의 모양을 보고 吉凶(길흉/きっきょう)을 판단했다고 한다. 이 한자는 필순에 주의해야 겠다.

- 筆順 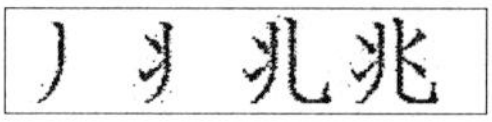
- 音　ちょう
  - 吉兆(길조/きっちょう) · 凶兆(흉조/きょうちょう)
- 訓　きざス : (자) 징조가 보이다.
  きざし : (명) 징조.

▷ 充 찰 충; 총5획; 당용한자

- 字源 

  儿(사람 발의 형태)의 윗부분에 子(아들 자)를 거꾸로 한 형태이다. 전체적으로 아이를 목마 태우기 등을 하면서 아이와 같이 놀아주는 것이다. 따라서 원래 「아이를 키우다」는 뜻이었지만 그 뜻이 확장되어 「가득 차다(みちる)」는 뜻으로 사용되게 되었다.

- 筆順 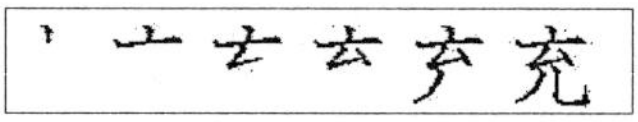
- 音　じゅう
  - 充実(충실/じゅうじつ) · 充足(충족/じゅうそく)
  - 充分(충분/じゅうぶん) = 十分(じゅうぶん) : 넉넉함.
- 訓　みチル(자상1) : 가득 차다.

05

構(몸/かまえ) 凵匸囗勹

① 凵(위튼입구몸/かんがまえ)

한자사전에 凵라는 부수가 있다는 자체도 일반적으로 잘 알고 있지 않을 것이다. 그러나 우리가 잘 사용하고 있는 出은 이 부수에 속한다. 이 부수는 위튼입구몸(かんがまえ)이라고 하는데 사전에 따라서 「かんにょう, うけばこ」라고도 한다. 이 한자는 위가 크게 벌어져 있는 용기나 구멍의 형태를 본뜬 상형문자이지만 그러나 凵部에 수록된 한자는 凵가 가지는 용기나 구멍과는 관련이 있는 한자는 그다지 없다. 따라서 이 부수는 字形을 정리하는 차원에서 만들어진 것이라고 생각된다. 이 부수에 수록되어 있는 한자는 많지 않다.

일본 당용한자표에서 凵部에는

凶出

와 같이 2자가 수록되어 있다. 凶(흉할 흉)이라는 한자는 점을 칠 때 운세에 관계하는 한자이다. 凵는 죽은 사람의 가슴 부분을 정면에서 본 모습이고 乂는 시체에 옷을 입혀 가슴 부분을 잘 묶은 것을 나타낸다. 이것을 옆에서 본 한자 匈(오랑캐 흉)이고 이것에 뜻을 나타내는 부수 肉(月)을 붙이면 胸(가슴 흉)이 되는 것이다. 出(날 출; 총5획)은 일본에서 중학교 입시에서 무슨 부수에 속하는가 묻는 시험문제로 출제된 적이 있다. 일본에서 가장 오래된 시집인『万葉集』에서 보면「山上復山有(산 위에 또 산이 있다)」를 일본인은「出(い)づ」라고 읽었다. 확실히 出이라는 한자는 산이 두 개가 있다. 따라서 出을 암기할 때도 山 아래에 또 山이 솟아 나오는 것에서「나오다」뜻으로 암기를 하면 좋겠다. 그러나 出은 山이 두 개가 아니고 두 발자국 凵(발자국의 둘레를 에워싼 모습) 속에서 다시금 밖으로 삐쳐 나가려는 모습을 세로로 된 한 봉(丨)으로 나타낸 한자이다. 따라서 이 한자를 쓸 때는 필순에 조심해야겠다. 쓰는 순서는 우선 세로로 한 봉(丨)으 쭉 쓴 뒤에 凵을 두 개 쓰는 것이다.

出 山 屮 屮 出 出

당용한자에는 속하지 않지만 凹(오목할 요), 凸(볼록할 철)도 이 부수에 속한다. 이 두 자는 오목하고 볼록한 것을 나타내는 기호로 생각하는 사람들이 있는데 이 한자는 어디까지나 한자이고 일본 상용한자에 포함되는 한자로 일상생활에서

凹(おう)レンズ
凸(とつ)レンズ

와 같이 많이 사용하고 있는 한자이다. 한국에서는 울퉁불퉁한 곳을 凹凸이라고 하지만 일본에서 앞뒤의 한자가 바뀌어 凸凹(でこぼこ)라고 말한다.

그런데 凹와 凸는 획수는 몇획이고 쓰는 순서는 어떻게 되는가 하면 획수는 모두 1획이 아니고 5획인데 쓰는 순서는

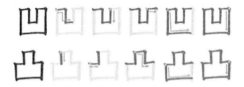

와 같이 쓴다.

【부수한자】

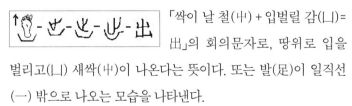

出 날 출; 총5획; 교육한자 1학년

- **字源**

「싹이 날 철(屮) + 입벌릴 감(凵)= 出」의 회의문자로, 땅위로 입을 벌리고(凵) 새싹(屮)이 나온다는 뜻이다. 또는 발(足)이 일직선 (一) 밖으로 나오는 모습을 나타낸다.

- **音**　しゅつ・しゅっ・すい

　　- 出発(출발/しゅっぱつ)・出港(출항/しゅっこう)

　　- 出資(출자/しゅっし)・出場(출장/しゅつじょう)

- 出席(출석/しゅっせき) · 出勤(출근/しゅっきん)
- 外出(외출/がいしゅつ) · 出納(출납/すいとう)
- 出現(출현/しゅつげん) · 露出(노출/ろしゅつ)
- 出産(출산/しゅっさん) · 出世(출세/しゅっせ)
- 輸出(수출/ゆしゅつ)↔輸入(수입/ゆにゅう)
- 支出(지출/ししゅつ)↔収入(수입/しゅうにゅう)

- **訓** ① だス : (타5) 부치다. 제출하다.
  ② でル : (자하1) 나가다.
- **훈독숙어** 出入(でい)り · 出口(でぐち)

▷ **凶** 흉할 흉; 凵-총4획; 당용한자

- **字源** 「凵+乂」의 지사문자로 그릇(凵)에 금(乂)이 가니 아주 보기가 「흉하다」는 뜻이다.
- **筆順** ノ メ 凶 凶
- **音** きょう
  凶作(흉작/きょうさく) · 凶悪(흉악/きょうあく)

☑ 口(큰입구몸/くにがまえ)

물건을 둘러싸는 모양으로 ○가 변천된 것으로 「싸다, 둥글다」는 뜻을 나타낸다. 한자에는 ○의 형태는 없다. ○의 모양을 뜻하는 한자는

□로 표현한다.

일본 당용한자표에서 □部에는

囚四回因困固圏国囲園円図団

와 같이 13자가 수록되어 있다.

【부수한자】

▷ **図** 그림 도; 총7획; 교육한자 2학년

- **字源** 図(그림 도)는 圖의 약자로 모자(모)를 쓰고 돌아다니며 (回 : 돌 회) 그린 것을 틀(□)에 넣은 것이 「그림(ず)」이라는 뜻이다.

- **筆順**

- **音** ず・ずう・と
  - 図面(도면/ずめん) : 설계 따위를 그린 그림.
  - 地図(지도/ちず)/図書館(도서관/としょかん)

- **난독** 図体(ずうたい) : 덩치(몸의 전체적인 크기)

- **訓** はかル : (타5) 도모하다. 꾀하다.

▷ **国** 나라 국; 총8획; 교육한자 2학년

- **字源** 国(나라 국)은 國(□+或)의 약자로 사방으로 둘러싼(□)

국경선을 국민(口)들이 하나(一)가 되어 무기(戈 : 창
과)를 들고 지키는 「나라(くに)」라는 뜻이다. 현대 일본
에서는 주로 国家(국가/こっか)을 의미하지만 津和国
(つわのくに) 등 독립성을 갖춘 지역을 나타내는 말도
사용한다.

- **筆順** 丨 冂 冖 団 国 国 国

- **音** こく・ごく・こっ

  - 国立(국립/こくりつ) : 나라에서 세움.
  - 国産(こくさん) : 자기 나라의 생산품.
  - 戦国(전국/せんごく) : 전쟁으로 몹시 어지러워진 세상.
  - 天国(천국/てんごく) : 하늘나라.

- **訓** くに : (명) 나라.

固 굳을 고; 총8획; 교육한자 4학년

- **字源** 固(굳을 고)는 「口+古(옛 고)」로 성곽(口)을 쌓아 오래
  (古)되어 단단하게 「굳어지다(かたまる)」는 뜻이다.

- **筆順** 丨 冂 冃 円 周 固

- **音** こく

  - 固定(고정/こてい) : 한번 정한 상태에서 변경하지 않음.
  - 固執(고집/こしつ) : 자기 의견을 바꾸거나 고치지 않
    고 우김.

- **訓** かたマル : (자5) 굳어지다.

▷ **団** 둥글 단; 총6획; 5학년

- **字源** 団(덩어리 단, 모일 단)은 團{囗+專(오로지 전)}의 약자로 오로지(專) 하나로 뭉쳤다(囗)는 데서 「덩어리지다, 모이다」라는 뜻을 나타낸다.

- **筆順** 　丨 冂 冂 用 用 団

- **音** 　だん・とん・どん

  - 団結(단결/だんけつ) : 많은 사람이 한마음으로 한데 뭉침.
  - 布団(ふとん) : 이부자리.
  - 炭団(たどん) : 숯가루를 뭉친 재료.

▷ **因** 인할 인; 총6획; 교육한자 5학년

- **字源** 因(인할 인)은 「囗+大(큰 대; 사람이 누운 모양)」로 울타리(囗) 안에서 사람(大)이 「因緣(인연/いんねん)」을 맺고 산다는 뜻이다.

- **筆順** 　丨 冂 冂 囝 因 因

- **音** 　いん

  - 因習(인습/いんしゅう) : 이전부터 전하여 내려오는 낡은 습속.
  - 因緣(인연/いんねん) : 사람과 사람 사이의 연분 또는 사람이 상황이나 일, 사물과 맺어지는 관계.

- 原因(원인/げんいん) : 어떤 사물이나 상태보다 먼저 존재하여 그것을 발생시키거나 변화시키는 일이나 사건.
- **訓**　よル : (자5) 의하다. 의거하다.

▷ **困**　괴로울 곤; 口 –총7획; 교육한자 6학년

- **字源**　困(곤할 곤)은 「口+木(나무 목)」로 울타리(口) 안에 갇힌 나무(木)는 자라기 「困難(곤난/こんなん)하다」는 뜻이다.

- **筆順**　│ 冂 冂 困 困 困

- **音**　こん

  - 困難(곤난/こんなん) : 몹시 딱하고 어려움.
  - 困窮(곤궁/こんきゅう) : 생활이 매우 가난하고 어려움.
  - 困惑(곤혹/こんわく) : 곤란한 일을 당해 어찌할 바를 모름.

- **訓**　こまル : (자5) 곤란하다. 난처하다. 다루기 힘들다.

▷ **囚**　사로잡힐 수; 총5획; 당용한자

- **字源**　囚(가둘 수)는 「口+人(사람 인)」로 사람(人)을 에워싸다(口)는 것은 사람을 「가두다(とらわれる)」는 뜻이다.

- **筆順**　│ 冂 冈 囚 囚

- **音**　しゅう

- 罪囚(죄수/ざいしゅう) : 죄를 짓고 교도소에 갇힌 사람.

- 囚人(수인/しゅうじん) : 옥에 갇힌 사람.

• 訓　　とらワレル : (자하1) 사로잡히다. 붙잡히다. 체포되다.

❸ 勹(쌀포몸; つつみがまえ)

勺[58](술 같은 것을 뜰 때 쓰는 기구 작)는 勺의 약자인데 국과 같은 국물이 있는 것을 퍼올리는 국자의 상형문자로 양 또는 넓이의 단위로 사용한다.

句[59](글귀 구)는 「口(입 구)+勹(쌀 포)」로 말(口)을 일정한 형식으로 묶은(勹) 것이 「文句(문구/もんく)」이다.

句는 勹가 들어가지만 勹部에 속하지 안고 口部에 속한다.

일본 당용한자표에서 勹部에는

　　勺匁包

와 같이 3자가 수록되어 있다.

---

58) 勺가 들어가는 자는 전부 「작」이라고 읽는다.
　＊芍(함박꽃 작), 酌(따를 작), 灼(사를 작)
59) 句가 들어가는 자는 전부 「구」라고 읽는다.
　＊狗(개 구), 拘(잡을 구)

【부수한자】

包 쌀 포; 총5획; 교육한자 4학년

- **字源** 包[60](쌀 포)는 「己(몸 기)+勹(쌀 포)」로 여성이 자궁에 임신한 태아(己)를 자궁 내막으로 둘러싼 모습(勹)을 본뜬 상형문자로 「감싸다(つつむ)」는 뜻을 나타낸다.

- **筆順** 　´　勹　勹　勹　包

- **音** ほう

  - 包括(포괄/ほうかつ)·包摂(포섭/ほうせつ)
  - 包囲(포위/ほうい)·包含(포함/ほうがん)

- **訓** つつム : (타5) 포장하다. 싸다.

匁 몸매 문; 총4획; 당용한자

- **字源** 匁[61](몸매 문)은 일본인이 만든 国子로 「文+メ」로 무게의 단위를 나타낸다. 貫의 1000분의 1로 3.75 g 이다.

- **筆順** 　´　勹　勿　匁

- **訓** もんめ(명) : 무게의 단위. 약 3.75 g

---

60) 包가 들어가는 자는 전부 「포」라고 읽는다.
　＊砲(대포 포), 抱(안을 포), 泡(거품 포), 飽(물릴 포),胞(태보 포)
61) 비슷한 한자 「刃(やいば)」는 刃(칼날 인)의 약자이다.

06

垂(엄/たれ)

① 厂(민엄호엄/がんだれ)

산기슭에 바위가 옆으로 삐죽 나온 모양을 본뜬 문자로 동굴, 언덕, 낭떠러지, 벌판, 또는 두껍다는 뜻.

일본 당용한자표에서 厂部에는

厘厚原

와 같이 3자가 수록되어 있다.

厘(리)는 「厂+里(마을 리)」로 옛날 화폐의 단위 전(銭)의 10분의 1 을 나타낼 때 사용했다.

【부수한자】

原 근원 원; 총10획; 교육한자 2학년

- **字源** 「厂+{白(흰 백)+小(작을 소)=泉(샘 천)의 변형}」의 회의
  문자로 바위(厂) 밑에 있는 샘(泉)은 물줄기의 「근원」이
  라는 뜻이다. 또는 바위(厂) 밑에서 샘(泉)이 솟아나는
  「벌판(はら)」이라는 뜻으로 사용한다.

- **筆順** 一 厂 厂 厈 盾 原

- **音** げん
  - 原因(원인/げんいん)・原価(원가/げんか)
  - 原稿(원고/げんこう)・原本(원본/げんぽん)
  - 原理(원리/げんり)

- **訓** はら : (명) 벌판.

歷 지낼 력; 止-총14획; 교육한자 4학년

- **字源** 「厂+林(수풀 림{임})+止(발 지, 멈출 지)」의 형성문자이
  다. 이 한자는 歷의 약자로 厂部에 수록되어있지 않고 止
  部에 수록되어 있다. 옛날 농경사회에서 언덕(厂) 아래
  가을에 추수한 벼를 차곡차곡 나란히 놓는(禾禾) 것이
  마치니(止) 한 해가 전부 「지나가다」는 뜻이다.

- **筆順** 厂 厈 厤 麻 麻 歷

- **音** れき
  歷史(역사/れきし)

> 厚 두터울 후; 총9획; 교육한자 5학년

- **字源** 「厂+日(해 일)+子(아들 자)」의 형성문자로 굴 바위(厂)
  같은 집에서도 날(日)마다 자식(子)을 돌보는 부모의 정
  성은 매우 「두텁다(あつい)」는 뜻이다.

- **筆順** 一 厂 戸 戸 厚 厚

- **音**   こう
        厚生(후생/こうせい)/厚意(후의/こうい)

- **訓**   あつイ : (형) 두껍다.

❷ 广(엄호엄/まだれ)

언덕(厂) 위에다가 지붕을 의미하는 점(丨)을 더해 언덕이나 바위로
지붕삼아 지은 집을 본뜬 글자로 건축물과 관련된 한자에 사용한다.
본래 산 속에 있는 작은 집을 나타내는 字로서 「宀」와는 조금 구별이
있었으나, 지금은 거의 같이 쓰인다.

일본 당용한자표에서 广部에는

床序底店府度座庫庭庶康庸廉廊廃広庁

와 같이 17자가 수록되어 있다.

【부수한자】

> ## 広 넓을 광; 총5획; 교육한자 2학년

- **字源** 「广(집) + ム(넓다 : ひろい)」의 형성문자로 広의 약자이다. 「广」은 한쪽이 뚫린 지붕인데 그 지붕 아래가 넓다(ム)라는 뜻이다.

- **筆順** ` 亠 广 広 広

- **音** こう
  - 広大(광대/こうだい)・広野(광야/こうや)・広言(광언/こうげん)
  - 広義(광의/こうぎ)・広狭(광협/こうきょう)

- **訓** ひろイ : (형)넓다. ↔狭(せま)い

- **훈독숙어** 広場(광장/ひろば) : 사람들이 모일 수 있도록 만들어 놓은 장소.

> ## 店 가게 점; 총8획; 교육한자 2학년

- **字源** 「广(집 엄) + 占(차지할 점)」의 형성문자이다. 집(广)에 진열대에 물건을 나열하여(占) 파는 곳이 「가게(みせ)」라는 뜻이다.

- **筆順** 亠 广 广 庁 店 店

- 音　てん

　　店員(점원/てんいん)・店舗(점포/てんぽ)

- 訓　みせ : (명) 가게.

▷ **庫**　곳집 고; 총10획; 교육한자 3학년

- **字源**　「广(집 엄) + 車(수레 차(거))」의 형성문자로 군사용 수레(車)를 넣어 두는 집(广), 즉 「무기 창고(armory)」를 가리키는 것이었다. 후에 일반적인 의미의 「곳집(storehouse)」를 가리키는 것으로 확대 사용됐다.

- **筆順**　广 广 广 庐 庐 庫

- 音　こ

　　車庫(차고/しゃこ)・金庫(금고/きんこ)

- 訓　くら(명) : 창고.

▷ **庭**　뜰 정; 총10획; 교육한자 3학년

- **字源**　「广(집 엄) + 廷(관청 정)」의 형성문자로 일반 집안(广)에서 관청(廷)과 같이 좀 넓은 곳이 「뜰(にわ)」이다.

- **筆順**　广 广 庐 庐 庭 庭

- 音　てい

　　庭園(정원/ていえん)

- 訓　にわ : (명) 정원. 뜰.

庁 관아 청; 총5획; 교육한자 6학년

- **字源** 「广(집 엄) + 丁(못 정)[62]」의 형성문자로 관청(廳)이란 백성들의 의견을 들어주는(聽) 집(广)이라는 뜻이다.

- **筆順** ｀ 宀 广 广 庁

- **音** ちょう

  庁舎(청사/ちょう) : 관청에서 사무를 보는 건물.

床 평상 상; 총7획; 당용한자

- **字源** 「广(집 엄) + 木(나무 목)」의 형성문자로 일반 집안(广)에서 나무(木)로 되어 있는 것은 「평상(ゆか)」이다.

- **筆順** ｀ 广 广 庁 庁 床 床

- **音** しょう

  病床(병상/びょうしょう) : 병자가 눕는 침대.

- **訓** ① とこ : (명) ⓐ 잠자리. ⓑ 이발소.
  ② ゆか : (명) 마루.

---

62) 못의 상형문자.

❸ 疒(병질엄/やまいだれ)

疒는「冫(冫)+广(집 엄)」로 疒의 왼쪽 冫(冫)의 점 두 개는 침대의 다리에 본뜬 형태로 침대를 집(广) 속에 둔 형태이다. 부수(部首)로서 는「병질 엄/やまいだれ」이라고 하는데 모든 병의 이름과 관계가 있는 한자에 사용한다. 병은 인간사회에 깊은 관계가 있기 때문에 이 부수를 한자는 대단히 많다.

일본 당용한자표에서 疒部에는

疫疲疾病症痘痛痢痴療癖

와 같이 11자 수록되어 있고, 일본 상용한자표에는 癒(병 나을 유)가 첨가되어 12자가 수록되어 있다. 거의가 병의 이름에 사용되고 있지만 療(병 고칠 료{요})와 癒(병 나을 유)는 병을 치료한다는 한자이다. 그리고 일본에서는 1945년 제2차 세계대전 이후 약자를 제정함에 따라서 疒를 생략해서 사용하는 말도 있다. 예를 들면 홍역을 한자로 표기하면 원래는 痲疹이었지만 현재 일본에서는 麻疹(마진/ましん·はしか)로 표기한다. 痲痺도 麻痺(마비/まひ), 痲薬도 麻薬(마약/まやく)으로 표기한다.

【부수한자】

病 병 병; 총10획; 교육한자 3학년

- **字源**

「疒+丙(남녘 병)」의 형성문자로 병(疒)든 사람이 남쪽(丙)지방의 더운 바람으로 더욱 「병들다(やむ)」는 뜻이다.

- **筆順** 广 疒 疒 病 病 病

- **音** びょう・べい

  - 病気(びょうき)・病院(병원/びょういん)・疾病(질병/しっぺい)

- **訓** ① やム : (타5) 병들다.

  ② やメル : (자하1) 아프다.

痛 아플 통; 총12획; 교육한자 6학년

- **字源** 「疒+甬(꽃봉오리가 부풀어 오르는 모양 용)」의 형성문자로 병(疒)이 부풀어 오르듯(甬) 「아프다(いたい)」는 뜻이다.

- **筆順** 广 疒 疒 疖 痟 痛

- **音** つう

  痛感(통감/つうかん) : 마음에 절실히 느끼는 것.

- **訓** いたイ : (형) 아프다.

症 병 증세 증; 총10획; 당용한자

- **字源** 「疒+正(바를 정)」의 형성문자로 병(疒)이 바르게(正) 진
  단하여 「병 증세」를 안다는 뜻이다.

- **筆順** 　亠 广 疒 疒 疒 症

- **音** 　しょう

  症状(증상/しょうじょう) : 병의 상태.

07

繞(받침/にょう)

1 辶(책받침/しんにょう)=辵

辶는 일본에서는 한 점을 생략해서 辶와 같이 표기한다. 부수는 책받침(しんにょう)이라고 말한다. 가다, 서다 등 어떠한 움직임을 나타내거나 쉬더라도 장차 움직일 것이라는 뜻을 지니고 있다. 「彳」과 거의 같은 뜻으로 쓰인다.

일본 당용한자표에서 辵部에는

込迅迎近返迫迭述迷追退送逃逆透逐途通速造連逮週進蹟遂遇
遊運遍過道達違遞遠遣適遭遲遵遷選遺避還辺

와 같이 47자가 수록되어 있다.

【부수한자】

> ## 近 가까울 근; 총7획; 교육한자 2학년

- **字源** 近(가까울 근)[63]은 「辶+음부호 斤(도끼 근)」의 형성문자
  이다. 도끼(斤)를 가지고 걸어가서(辶) 장작을 패는 곳은
  집안에서 아주 「가깝다(ちかい)」라는 뜻을 나타낸다.

- **筆順**   ´ ノ ヶ 斤 近

- **音**   きん
  - 近所(きんじょ)・近日(근일/きんじつ)・近況(근황/
    きんきょう)
  - 付近(부근/ふきん)・側近(측근/そっきん)・接近(접
    근/せっきん)
  - 近代(근대/きんだい)・近郊(근교/きんこう)・遠近
    (원근/えんきん)

- **訓**   ちかイ (형)(형) 거리가 가깝다.←遠(とお)い

> ## 通 통할 통; 총10획; 교육한자 2학년

- **字源** 「辶+甬(솟아오를 용 : 꽃봉오리가 부풀어 오르는 모양을
  본뜬 상형문자)」의 형성문자이다. 부풀어 솟아오를(甬)
  만큼 열심히 뛰어다니면(辶) 모든 일이 만사 「통하다」는

---

63) 近所(きんじょ) : 가까운 곳. 근처. 부근. /付近(부근/ふきん) : 이웃. 근처.

뜻에서 「뚫리다 · 도달하다」는 뜻으로 사용한다.

- **筆順** ⟨ 一 ⟩ 𠃌 𠃌 𠂤 甬 通

- **音** つう

  - 通達(통달/つうたつ) · 精通(정통/せいつう)

  - 通行(통행/つうこう) · 通路(통로/つうろ)

  - 通訳(통역/つうやく) · 通過(통과/つうか)

- **訓** とおル · かよウ : (자5) 다니다.

道 길 도; 총12획; 교육한자 2학년

- **字源** 「辶＋首(머리 수 : 인간을 뜻함)」의 회의문자로 인간(首)
  이 왔다갔다 왕래하는(辶) 곳이 길이라는 뜻이다. 인간
  (首)이 왔다갔다(辶) 하면서 즉 같은 것을 반복 사고해서
  얻은 최고의 선(善)에 이르는 것이 「도(道)」이다.

- **筆順** ⟨ ⟩ 一 丷 丷 丷 首 道

- **音** どう · とう

  ① 다니는 길.

    - 道路(도로/どうろ)

  ② 이치. 도리.

    - 道理(도리/どうり)

  ③ 주의. 사상.

    - 神道(신도/しんとう) : 일본 민족의 전통적인 신앙.

- **訓** みち : (명) 길.

▷ **遠** 멀 원; 총13획; 교육한자 2학년

- **字源** 「辶+음부호 袁(옷 길 원)의 변형자」의 형성문자이다. 오른쪽 음부호의 윗부분은 흙 토(土) 중간은 입 구(口) 아래는 두 사람(人人)으로 구성된 자이다. 전체적으로 보면 흙(土)으로 에워싸고(口) 있는 곳까지 두 사람(人人)은 이야기하면서 쉬엄쉬엄 걸어서(辶) 멀리까지 간다는 데서 「멀다(とおい)」의 뜻이다.

- **筆順** 土 吉 寺 寺 袁 遠

- **音** えん

    ① 멀다.

    - 遠征(원정/えんせい) : 먼 곳으로 싸우러 감.

    - 遠方(원방/えんぽう) : 먼 곳.

    - 遠足(원족/えんそく) : 소풍.

    - 永遠(영원/えいえん) : 어떤 상태가 끝없이 이어짐.

    - 望遠鏡(망원경/ぼうえんきょう)

    ② 소원하게 되다; 친하지 않게 되다(とおざかる).

    - 敬遠(경원/けいえん) : 존경하는 체하나 내심으로는 멀리하여 친하지 않음. ↔敬愛(경애/けいあい)

    - 疎遠(소원/そえん) : 오랫동안 만나지 않거나 소식이 없어서 사이가 멀어짐. ↔親密(친밀/しんみつ)

- **訓** とおイ : (형) 멀다. ↔近(ちか)い

退 물리날 퇴; 총10획; 교육한자 5학년

- **字源** 「辶+艮(어긋날 간; 사람이 등을 돌리고 있는 모습)」의 회의문자이다. 사람이 등을 돌리고(艮) 가다(辶)는 것에서 「물러나다(しりぞく)」는 뜻이다.

- **筆順** ７ ７ ヨ 彐 艮 退

- **音** たい

  退院(퇴원/たいいん)・退化(퇴화/たいか)

- **訓** しりぞく : (자5) 물러나다.

【艮를 기본자로 하는 한자】

根 뿌리 근; 木 -총10획; 교육한자 3학년

- **字源** 「木(나무 목)+艮(어긋날 간)」의 형성문자로 나무(木)가 등을 돌리고(艮) 있는 부분은 「뿌리(ね)」라는 뜻이다.

- **筆順** 木 札 札 根 根 根

- **音** こん

  - 根性(근성/こんじょう) : 사람이 태어날 때부터 지니고 있는 성질.

  - 根本(근본/こんぽん)・根拠(근거/こんきょ)

- **訓** ね : (명) ⓐ 뿌리. ⓑ 근본. ⓒ 천성.

▶ 限 　한계 한; 阜 -총9획; 교육한자 5학년

- **字源**　「阝(阜)+艮(어긋날 간)」의 형성문자로 흙을 쌓아 놓은 (阝) 곳에서 거꾸로 등을 돌리고(艮) 「경계를 짓다(かぎる)」는 뜻이다.

- **筆順**　| 阝　阝ㄱ　阝ㅋ　阝尸　阝艮　限 |

- **音**　げん

  限界(한계/げんかい)・限度(한도/げんど)

- **訓**　かぎル : (타5) ⓐ 한정하다. 제한하다. ⓑ 경계를 짓다.

▶ 眼 　눈 안; 目-총11획; 교육한자 5학년

- **字源**　「目(눈 목)+艮(어긋날 간)」의 형성문자로 사물을 거꾸로 (艮) 비치게 하는 곳은 「눈(め)」을 뜻이다.

- **筆順**　| 目　目ㄱ　目ㅋ　眼尸　眼尹　眼 |

- **音**　がん

  眼球(안구/がんきゅう)

- **訓**　め・まなこ : (명) 눈.

- **훈독숙어**　眼鏡(안경/めがね)

▶ 恨 　한할 한; 心 -총9획; 당용한자

- **字源**　「忄+艮(어긋날 간)」의 형성문자로 마음(忄=心)이 등을

돌리고(艮) 있다는「원망스럽다(うらむ)」는 뜻이다.

- **筆順**　| 忄　忄´　忄⁼　恨　恨　恨 |

- **音**　こん

  痛恨(통한/つうこん)・怨恨(원한/えんこん)

- **訓**　うらム : (타5) 원망하다.

▷ **迎**　맞이할 영; 총8획; 당용한자

- **字源**　「辶+卬(높을 앙)」의 형성문자로 지체가 높은(卬) 사람을 가서(辶) 공손히「맞이하다(むかえる)」는 뜻이다.

- **筆順**　| ´　亻　卬　卬　迎 |

- **音**　迎接(영접/げいせつ)・歓迎(환영/かんげい)

- **訓**　むかえル : (타하1) 맞이하다.

2 廴(민책받침/えんにょう)

앞에서 본「辶」과 거의 같은 뜻인데 좀 구별이 있다면 발을 길게 떼어놓고 걷는 것으로 천천히 가는 속도에 있다.「辶」(책받침)과 대비하여 민책받침(えんにょう)이라고 말한다.

일본 당용한자표에서 廴部에는

延廷建

와 같이 3자가 수록되어 있다.

【부수한자】

▷ 建 세울 건; 廴 -총9획; 교육한자 4학년

- 字源 「廴+聿(붓 율)」의 회의문자로 붓(聿)으로 글을 길게 천천히 써가면서(廴) 계획을 「세우다(たてる)」는 뜻이다.
- 筆順 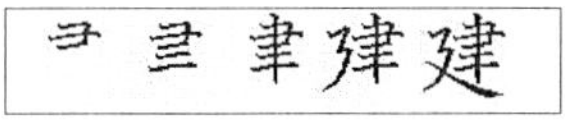
- 音 ① ケン

  建設(건설/けんせつ) · 建築(건축/けんちく)

  ② コン

  建立(건립/こんりゅう) : 절이나 탑 등을 세움.
- 訓 ① たテル : (타하1) 건축하다. 건물을 짓다.

  ② たツ : (자5) 건축물이 세워지다.

【建를 기본자로 하는 한자가족】

▶ 健 튼튼할 건; 人 -총11획; 교육한자 4학년

- 字源 「亻=人(사람 인)+음부호 建」의 형성문자로 사람(亻)이 쭉 서서(建) 행동하고 있다는 것은 「튼튼하다」는 뜻이다.
- 筆順 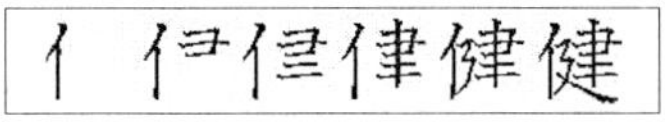

- **音**　けん

  ① 몸이 튼튼하다(からだがじょうぶである). 達者(たっしゃ).

  - 健康(건강/けんこう) : 몸에 병이 없고 튼튼함.

  ② 힘이 강하다.

  - 健児(건아/けんじ) : 활달한 젊은이. 혈기 왕성한 젊은이.

  ③ 심하게(したたか · はなはだ), 많이

  - 健啖(검담/けんたん) : 무엇이든지 잘 먹음. 대식(大食).

  - 健忘症(건망증/けんぼうしょう) : 기억력이 장해를 받아 어떤 기간 중의 경험을 잘 기억할 수 없는 증세.

- **訓**　すこヤカ : (형동ダ) 건강하여 원기 왕성한 모양. 튼튼한. 건강한.=達者(たっしゃ)

- **예외 훈독**　健気(けなげ) : (형동ダ)

  ⓐ 씩씩하고 부지런 함. ⓑ 마음씨가 기특함.

  *「～な心(こころ)がけ : 기특한 마음씨」

▶ **腱**　힘줄 밑동 건; 肉 –총13획; 상용한자이외한자

- **字源**　「月(肉 : 인체에 관계되는 부분)+음부호 建」의 형성문자로 인체(月) 중에서 서서(建) 행동하는데 가장 중요한 부분을 뜻한다.

- 音　けん

アキレス腱(けん)

- 인체(月=肉) 최대의 건으로서 서서(建) 보행(步行)할 때 중요한 역할을 하는 건이다. 그리스신화의 영웅 아키레우스(Achilleus)에서 유래한 이름으로 아키레우스는 불사신이지만 단 한 군데 약점이 있는데 그곳이 바로 발뒤꿈치의 복숭아뼈와 연결된 부분이다. 불사신 아키레우스는 트로이전쟁 때 제우스의 아들 아폴론(Apollōn)에게 이 부분에 화살을 맞고 죽었다는 신화에서 나온 말로 강력한 자가 가지고 있는 한 군데의 약점이라는 뜻으로 사용한다.

▶ **鍵** 열쇠 건; 金 -총17획; 상용한자이외한자

- **字源**　「金(쇠 금)+음부호 建」의 형성문자로 쇠(金)를 쭉 펴서 (建) 만든 것은 「열쇠(かぎ)」라는 뜻이다.
- **音**　けん
  - 鍵盤(건반/けんばん) : 오르간(オルガン) · 피아노(ピアノ) 등을 조작하기 위해서 손가락으로 누르는 곳(キー)을 뜻한다.
- **訓**　かぎ : (명) 열쇠.

延 끌 연; 총7획; 교육한자 6학년

- **字源** 「廴+丿(삐침 별)+止(멈출 지)」의 회의문자로 몸을 펴고 (丿) 하던 일을 멈추고(止) 발을 끌며 천천히 길게 걸으니(廴) 시간을 「연장시키다(のばす)」는 뜻이다.

- **筆順** 丿　千　千　正　延　延

- **音** えん

  延期(연기/えんき)/延長(연장/えんちょう)

- **訓** のバス : (타5) 연장시키다.

廷 조정 정; 총7획; 당용한자

- **字源** 「廴+壬(짊어질 임)」의 회의문자로 임무를 맡고 (壬) 천천히 걸어(廴) 들어가는 곳이 「朝廷(조정/ちょうてい)」 이라는 뜻이다.

- **筆順** 丿　二　千　壬　廷

- **音** てい

  法廷(법정/ほうてい)・宮廷(궁정/きゅうてい)

08

제부수[64)]

1 一部

字源

가로 그은 한 획으로써 「하나」라는 수를 나타내는 지사문자이다. 실제로는 계산으로 사용된 짧은 막대기 하나를 가로로 놓은 형태이다.

어떤 한자사전이라도 한자를 부수별로 배열하는 방법을 취하고 있는 한에서는 처음에는 반드시 一部부터 시작한다. 이것은 고대 중국에서는 우주의 시작은 一부터 시작한다는 사고가 있었는데, 문자는 소우주로 보기 때문에 이 우주 모두를 재현하는 소우주인 문자도 역시 一이 처음에 와야 된다는 것이다.

一은 한자의 시작이고 획수가 1획 밖에 없고 가장 간단한 한자이다. 한자 중에서 1획 밖에 없는 한자는 丶(점 주), 丿(삐침 별), 乙(새을), 亅(갈고리 궐) 등이 있지만 문장 속에서 문자로서 일상적으로 사용하고 있는 것은 一과 乙뿐이다.

---

64) 글자 자체가 부수자

　수 만개나 되는 한자를 배열하려면 일정한 원칙이 있어야 한다. 예를 들면 영어는 「ABC…」 한국어는 「ㄱㄴㄷ…」 일본어라면 「あいう…」 한자는 획수에 의한 부수별로 배열하는 것이다.

　한자를 부수별로 분류하고 배열하는 방법은 앞에서 설명했지만 後漢시대 학자 許慎이 쓴 『説文解字』에 의해서 시작된 것이다.

　『説文解字』에서 一이라는 한자에 대한 해석을 보면

　　惟初太始 道立于一 造分天地 化成万物
　　(처음의 태극(太極)이다. 도(道)는 일(一)을 바탕으로 천지로 나뉘고 만물이 생겨났다.)

　이것은 대단히 난해한 이론이지만 간단히 말하면 우주의 근원인 道는 一에서 시작해서 一에서 만물이 생성해 간다는 것이다. 이와 같은 뜻을 구성요소로 하는 한자로서 「元, 天, 丕, 吏」 4문자가 『説文解字』의 一部에 수록되어있지만, 현재의 漢和辞典의 冒頭에 있는 一部에 수록된 한자는 『説文解字』에서 一을 우주를 창조하는 근원이라는 해석의 뜻을 주는 것이 아니고 단지 자형을 정리하기 위한 목적으로 설치되었기 때문에 一部를 보면

　　一丁七丈三上下丑不且世丘丙丞

　와 같이 一이라는 뜻으로 一의 형을 포함하는 것이 아니다. 일본 당용한자표에도 이 분류법에 따라 一部에는

一丁七丈三上下不且世丘丙

와 같이 수록되어 있다.

【부수한자】

> 一 [65] 한 일; 총1획; 교육한자 1학년

- **音** いち・いつ
    - 一時的(일시적/いちじてき)・一泊(일박/いっぱく)
    - 一瞬(일순/いっしゅん) : 한순간.
    - 一度(일도/いちど) : 한 번. 한 차례
    - 一攫千金(일확천금/いっかくせんきん) : 힘들이지 않
      고 단번에 많은 재물을 얻음.
    - 一石二鳥(일석이조/いっせきにちょう) : 하나의 돌을
      던져 두 마리의 새를 잡는 것(.하나의 행동에서 동시에
      두 개의 이익을 얻는 것)
    - 一期一会(いちごいちえ) : 일생에 한 번밖에 없는 일.
- **訓** ひとつ・ひと : (명) 하나. 한 개.
- **난독** - 一昨日(おととい) : 그저께.
    - 一昨年(おととし) : 재작년.

---

65) 금전증서 등에서는 「壱(壱)」이라고 쓴다.

上 위 상; 총3획; 교육한자 1학년

- **字源** 횡으로 한 선을 그리고, 그 위에 점을 써넣어 위라는 뜻을 나타내는 지사문자이다.

- **筆順**

丨	上	上

- **音** じょう

  - 席上(석상/せきじょう)・上流(상류/じょうりゅう)
  - 上段(상단/じょうだん)・上品(상품/じょうひん)
  - 上旬(상순/じょうじゅん)・紙上(지상/しじょう)
  - 上司(상사/じょうし)・向上(향상/こうじょう)
  - 上向(상향/じょうこう)・地上(지상/ちじょう)
  - 献上(헌상/けんじょう):귀한 사람에게 물건을 바쳐 올림.

- **訓** ① うえ:(명) 위. 위치가 높은 것. ↔下(した)

  ② うわ:(접두) *「上役(うわやく):상관. 상사.」

  ③ かみ:(명) 앞부분.
  * 上半期(상반기)↔下半期(하반기)

  ④ あげる:(타하1) 올려놓다. ↔下(さ)げる

  ⑤ あがる:(자5) 올라가다. ↔下(さ)がる

- **난독** 上手(じょうず):하는 일이 능숙함. ↔下手(へた)

  上着(うわぎ):겉옷. 상반신(上半身)에 입는 양복.

> 世 　대 세; 총5획; 교육한자 3학년

- **字源**　한 세대를 30년으로 보고 十(열 십)을 셋 합치고 아랫부분을 길게 그어 연결하여 「세대」라고 말한다.

- **筆順**　一 十 卅 卅 世

- **音**　世間(せけん) : 사회. 세상.

　　　世帯(세대/せたい) : 한 집안. 한 가정의 살림.

　　　世上(세상/せじょう)・世界(세계/せかい)

　　　世評(세평/せひょう) : 세상의 평판.

- **訓**　よ : (명) 세상. 사회. 시대.

② 十部

【부수이야기】

갑골문자의 자형을 보면 바늘의 상형문자이다. 지금은 금속으로 만들었지만 금속이 나오기 이전에는 동물의 뼈를 갈아서 바늘을 만들었다. 그래서 바늘을 금속으로 만들면서부터 十(바늘의 상형문자)에 金偏(かねへん)을 붙여서

　　針(바늘 침; 金-총10획)

와 같은 한자가 나온 것이다.

고대 중국에서는 「바늘」과 숫자 「십」이 같은 발음이었기 때문에 원

래 바늘(十)을 표시하는 한자를 빌려서 숫자 「십(十)」이라는 뜻으로 사용하게 된 것이다.

十部를 일본 당용한자표에서 보면 일본인이 자주 사용하는 중요한 한자가 많이 수록되어 있다.

十千升午半卑卒卓協南博

여기서 보면 십(다수)의 뜻으로 사용하고 있는 한자는 「協 · 博」 뿐이고 나머지는 「十」이라는 형태는 포함하지만 숫자로서의 「十」을 구성요소로 하고 있지 않다.

이외로 옥편에서 十部를 보면 卍(만자 만)이라는 한자가 있다. 일본에서는 지도에서 사원을 나타내는 기호로서 사용하고 있기 때문에 기호로 생각하는 사람들이 있겠지만 기호가 아니고 한자에 속한다. 이 卍의 사용은 인도에서 최초로 불교에서 吉祥을 나타내는 문양(기호)으로 사용했지만 불교가 인도에서 중국으로 전래되고 나서는 중국에서 卍이라는 문자를 「万」과 같은 발음으로 사용하기 시작했다.

이것이 일본에 전래되어 현재 일본어에서 「まんじ」는 漢字 卍의 훈독이지만 본래는 漢語 「卍字」 또는 「万字」의 음독이다.

획수는 5획이 아니고 6획이다. 필순은 반드시 가로선을 위쪽부터 2획 쓴 후에 세로선을 쓴다는 것이다.

卍(まんじ)와 비슷한 독일군 나치의 상징인 문양은 십자군의 「十」를 변형시킨 것이다. 혼돈하지 않도록 주의해야 할 것이다.

일본의 유명한 근대문학작가인 芥川竜之介(あくたがわりゅうのすけ)의 작품 『地獄変(じごくへん)』에

どこを見ても烈とした火焔の色で,その中をまるで卍のやうに,墨を飛ばした黒煙と金粉を煽った火の粉とが,舞い狂って居るのでございます.

(어디를 보나 열렬한 화염의 색깔뿐이며, 그 가운데를 마치 만자(卍字)와 같은 모양으로 먹을 튀긴 검은 연기와 금분을 뿌린 불꽃이 미친 듯 춤추고 있는 것입니다.)

와 같이 사용하고 있고, 谷崎潤一郎(たにざきじゅんいちろう)의 장편소설에 『卍(まんじ)』라는 작품이 있다.

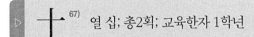

* 卍巴[66]に入り乱れる : 얽히고설켜 뒤범벅이 되다.

【부수한자】

十 [67] 열 십; 총2획; 교육한자 1학년

- **字源** 가로선(ㅡ)은 동서(東西)를 나타내고 세로선(ㅣ)은 남북(南北)을 나타낸다. 따라서 이 십(十)자는 동서남북(東西南北)을 전부에 미치는 것을 가리키는 지사문자이다.

---

66) 얽히고설킴(가로세로로 마구 뒤엉킨 모양).
67) 금전증서 등에서는 「拾」이라고 쓴다.

따라서 수(数)에서 완전한 수는 「십(十)」이다.

＊금전증서 등에서는 「拾」이라고 쓴다.

- **筆順**　一 十

- **音**　じゅう · じっ

  - 十月(じゅうがつ) : 시월

  - 十中八九(십중팔구/じゅうちゅうはっく · じっちゅうはっく)

  - 十字架(십자가/じゅうじか)

- **訓**　とお · と : (명) 십. 열

- **훈독숙어**　十日(십일/とおか) : 달의 10번째의 날짜.

  　　　　　十重二十重(とえはたえ) : 이중 삼중. 겹겹.

- **난독**　十八番(십팔번おはこ) : 장기. 특기.

  　　　二十歳(はたち) : 20세.

  　　　二十日(はつか) : 20일.

▷ **千**　일천 천; 총3획; 교육한자 1학년

- **字源**　「十(열 십)+ノ(삐침 별)」의 형성문자이다. 전부의 수(数)인 십(十)에 「ノ」를 첨가하면 천(千)이다. 이 「ノ」의 기호의 역할은 십(十)과 의미가 다르다는 것을 나타낸다.

- **筆順**　ノ 二 千

- **音**　せん

  - 千字文(천자문/せんじもん)

- 千里眼(천리안/せんりがん) : 멀리 떨어진 곳에서 벌어진 일을 직관적으로 감지하는 신비한 능력
- 千羽鶴(せんばづる) : 종이학을 많이 접어 이어 단 것.
- 千載一遇[68](천재일우/せんざいいちぐう) : (천년에 한 번 밖에 만나지 못할 만큼) 절호의 기회.
- 千差万別(천차만별/せんさばんべつ) : 각양각색으로 다른 것.
- •訓　ち : (명) 천.
- •난독　千歳(천세/ちとせ) : ⓐ 천 년. ⓑ 길고 긴 세월.

南　남녘 남; 총9획; 교육한자 2학년

- •字源　「{ナ=屮(풀의 싹)}+冂+(羊에서 한 획을 생략한 형태로 어린 양)」의 회의문자이다. 많은 풀(ナ)이 나 있는 들판(冂)에 어린 양들이 모여 있는 곳은 따뜻한 「남쪽(みなみ)」이라는 뜻이다.

- •筆順　一 十 内 内 南 南

- •音　なん
  - 南方(남방/なんぽう)↔北方(북방/ほっぽう)
  - 南進(남진/なんしん)↔北進(북진/ほくしん)
  - 南北(남북/なんぼく)・南端(남단/なんたん)
  - 指南(지남/しなん) : ⓐ 방향을 지시함. ⓑ (무예 등을)

---

68) 載 대신에 歳를 사용해도 된다.

　　　지도함.

- **訓**　　みなみ : (명) 남쪽.
- **난독**　南瓜(かぼちゃ) : 호박.

❸ 口部

【부수이야기】

 사람이나 동물의 입을 묘사
한 상형문자이다. 입에서 나
오는 소리나 말, 입과 관련된 한자에 사용한다. 합체자(형성문자)를
만들 때 왼쪽에 붙여서 부수(部首)로서 사용할 때는 「입구 변/くちへ
ん」이라고 말한다.

　漢和辞典 3획의 부수 중에서 처음에 나오는 정방형의 문자 口는
「くちへん」이라고 하고 그 다음에 口보다 크기가 큰 사각형의 囗는
나오는 「くにがまえ」라고 부른다. 앞에서 설명한 바와 같이 口는 인
간과 동물의 입을 본뜬 것이고, 囗는 古代 부락이 둘러싸여 있는 성벽
을 본뜬 것이다. 따라서 囗는 「かこム・めぐル」라는 뜻을 나타낸다.
사람이나 동물의 신체기관으로서 입(口)은 말은 하지 않아도 생명에
는 관계가 없기 때문에 소리를 내는 언어 기능보다 음식을 섭취하는
기능이 중요할 것이다. 그래서

　　味(맛 미)·呑(삼킬 탄)·喰(먹을 식)·啖(먹을 담)

와 같은 한자가 생긴 것이다. 그 다음에 소리를 내는 기능으로서

呼(부를 호) · 叫(부르짖을 규)

와 같은 한자가 생기고 그리고 鳥(새 조)와 합친

鳴(울 명)

는 口보다 鳥에 비중이 크기 때문에 口部가 아니고 鳥部로 분류한
것 같다. 그 다음에 입(口)의 기능으로서

吸(숨 들이쉴 흡) · 吐(토할 토) · 咳(어린아이 웃을 해)

와 같이 호흡에 관계되는 한자가 많다.
인간이나 동물이나 입은 한 개뿐이기 때문에 입의 수와 사람의 수
는 같다. 그래서 「人口(인구/じんこう)」와 같은 단어가 생긴 것이다.

【부수한자】

▷ **口** 입 구; 총3획; 교육한자 1학년

- **筆順**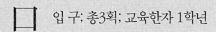
- **音** こく · く

  ① 입

口腔(구강/こうこう) : 입속.

② 입을 사용해서 무엇을 말하다.

- 口実(구실/こうじつ) : 핑계.

- 口述(구술/こうじゅつ) : 문서에 의하지 않고 입으로 말함.

- 利口(りこう) : ⓐ구변이 좋음. ⓑ머리가 좋음.

- 口伝(구전/くでん) : (비법 등을) 구두로서 전해 줌.

- 口調(くちょう) : 말하는 투. =語調(어조/ごちょう)

③ 물체가 출입하는 곳.

- 銃口(총구/じゅうこう)・河口(하구/かこう)

- 噴火口(분화구/ふんかこう)・突破口(돌파구/とっぱこう)

④ 사람 또는 물건의 수.

- 口座(구좌/こうざ)・人口(인구/じんこう)

• **訓**　くち : (명) 입.

• **훈독숙어**　- 口癖(くちぐせ) : 입버릇.

- 口笛(くちぶえ) : 휘파람.

- 口紅(くちべに) : 입술에 바르는 연지.

- 門口(かどぐち) : ⓐ 문(집)의 출입구.

- 裏口(うらぐち) : ⓐ 집의 뒤쪽 출입구. ⓑ 뒷구멍(부정한 수단).

- 窓口(창구/まどぐち) : 창문이 난 곳(비유하여 외부와의 절충을 담당하는 역할).

味 맛 미; 총8획; 교육한자 3학년

- **字源** 「口(입 구)+未(아닐 미)[69]」의 형성문자로 입(口)으로 아니(未) 삼키고 보는 것은 「맛(あじ)」이다.

- **筆順** ┌─────────────────────┐
  口 口┐ 口二 味 味 味
  └─────────────────────┘

- **音** み

  - 味覚(미각/みかく) : 혀로 맛본 감각.

  - 味方(みかた) : 자기 편. 아군.

  - 味噌(みそ) : 된장.

- **訓** あじ : (명) 맛.

吸 숨 들이쉴, 빨 흡; 총7획; 교육한자 6학년

- **字源** 「口(입 구)+及(미칠 급)」의 형성문자로 입(口)으로 마신 공기를 폐에까지 미치도록(及)하니 「숨 들이쉬다(すう)」의 뜻이다.

- **筆順** ┌─────────────────────┐
  口 口 口ᄀ 吸 吸
  └─────────────────────┘

- **音** きゅう

  吸收(흡수/きゅうしゅう)·吸入(흡입/きゅうにゅう)

- **訓** すウ : (타5) 피우다.

---

69) 위쪽이 긴 것은 末(끝 말)이다.

呼 부를 호; 총8획; 교육한자 6학년

- **字源** 「口(입 구)+乎(어조사 호)」의 형성문자로 입(口)으로 호(乎)하고 소리를 내어 「부르다(よぶ)」의 뜻이다.

- **筆順** 口　叮　叨　吁　呼

- **音** こ

  呼称(호칭/こしょう)・呼吸(호흡/こきゅう)

- **訓** よブ : (타5) 부르다.

吐 토할 토; 총6획; 당용한자

- **字源** 「口(입 구)+土(흙 토)」의 형성문자로 술을 마셔 입(口)에서 땅(土)으로 「토하다(はく)」는 뜻이다.

- **筆順** 口　口　叮　吐　吐

- **音** と

  - 吐露(토로/とろ) : 자기의 의견을 송두리째 털어 놓음.
  - 吐血(토혈/とけつ) : 피를 토함.

- **訓** はク : (타5) 토하다.

【口部가 아닌 한자】

▶ 鳴 울 명; 鳥 -총14획; 교육한자 2학년

- **字源** 「口(입 구)+鳥(새 조)[70]」의 회의문자로 새(鳥)가 입(口)을 벌려 지저귀는 것을 「운다(なく)」라고 말한다.

- **筆順** 口 旷 旷 哨 鳴 鳴

- **音** めい

  悲鳴(ひめい) : 놀라거나 위험할 때 외치는 소리.

- **訓** なク : (자5) (짐승, 벌레가) 울다.

④ 大部

【부수이야기】

「사람이 양팔다리를 크게 벌리고 서있는 모습을 본뜬 상형문자로 크다는 뜻이다. 大보다 더 큰 것은 太(클 태)이다. 太와 大의 차이점은 太는 大 아래에 점이 하나 찍혀 있다. 이것은 남자의 그것이 있다는 것을 표시하는 것으로 같은 사람이라도 그것이 달린 남자가 더 크다는 뜻이다. 하늘은 大보다 커서 획을 하나 더 그어 天이라고 하고, 남편은 하늘보다 더 높은 존재라 하늘 위로 뚫고 나가 夫(지아비 부)가 됐다고 한다.

일본 당용한자표에서 大部에는

大天太夫央失奇奉奏契奔奧奪奬奮

---

70) 鳥(새 조)는 새의 모습을 본뜬 상형문자이다. 새 중에서 온 몸이 검은 까마귀는 눈까지 검기 때문에 눈을 분간할 수가 없다. 그래서 烏(까마귀 오)는 鳥에서 눈에 해당하는 부분의 한 획을 없애고 만든 한자이다.

15자가 수록되어 있다.

【부수한자】

▷ **大** 큰 대; 총3획; 교육한자 1학년

- **筆順** 一ナ大

- **音** だい・たい
  - 大学(대학/だいがく)・大将(대장/たいしょう・だいしよう)
  - 大地(대지/だいち)・巨大(거대/きょだい)
  - 偉大(위대/いだい)・盛大(성대/せいだい)
  - 寛大(관대/かんだい) : 마음이 넓고 느긋한 것
  - 拡大(확대/かくだい)↔縮小(축소/しゅくしょう)
  - 大体(대체/だいたい) : 대강. 대개.
  - 大工(だいく) : 목수.
  - 大黒柱(だいこくばしら) : ⓐ (집채의) 가장 큰 기둥. ⓑ (집안・단체・나라 등의) 큰 기둥. ⓒ 대들보

- **訓** おおキイ : (형) 크다. ↔小(ちい)さい

- **난독** 大晦日(おおみそか) : 섣달 그믐달. ↔元日(がんじつ)
  大人(おとな) : 성인. 어른. ↔子供(こども)

- **大人(おとな)しい**
  어원은「大人(おとな)」를 형용사화한 것으로「얌전하다. 온순하다.」의 뜻으로 완전히 성숙해 있는 모습이다. 지금은 조용하게 있

다는 이미지가 강하게 되어 温和라는 뜻으로 변한 것이다. 그런데 「大人(おとな)」의 어원을 거슬러 올라가면 「音(おと)無(な)」이다. 즉 소리(音)을 내지 않는다(無). 어린이 같이 떠들지 않고 조용하게 침착해 있는 사람이 「어른」이라는 것이다.

그러나 「大人しい」만으로는 「大人」라고 말할 수 없다고 생각한다. 조용하게 남의 말을 들을 수 있는 사람, 온화하게 자기의 의견을 말할 수 있는 사람, 그리고 한자대로 큰(大) 마음을 가진 사람이야말로 진정한 「大人(おとな)」라고 말할 수 있을 것이다.

▷ 天 　하늘 천; 총4획; 교육한자 1학년

- **字源**　天-天-夵-夭　사람이 양팔을 크게 벌리고 서있는 모양을 본뜬 글자(大)에 인간의 머리 부분을 「一」로 표시해서 머리 꼭대기를 뜻하는 지사문자이다. 전해서 사람의 머리 위에 하늘(一)이 있어 끝없이 넓은 하늘을 뜻하게 되었다.

- **筆順**　一 二 チ 天

- **音**　てん
  - 天下(천하/てんか)・昇天(승천/しょうてん)
  - 天罰(천벌/てんぱつ)・天災(천재/てんさい)
  - 天国(천국/てんごく)↔地獄(지옥じごく)
  - 天然(천연/てんねん)↔人工(인공じんこう)・人造(인조/じんぞう)

- **訓**　　あめ・あま : (명) 하늘.
- **훈독숙어**　　天(あま)の川(がわ) : 은하수.
- **有頂天(うちょうてん)**

이 한자는 원래 불교용어입니다. 불교에서는 깨달음의 단계를 욕망의 세계인 욕계(欲界), 물질적 세계인 색계(色界), 물질을 넘어선 단계인 무색계(無色界)의 3개로 나누고 있는데 욕계와 색계가 유색계(有色界)이고, 이것의 정상에 있는 것이 有頂天(うちょうてん)이다. 有頂天은 형태 있는 세계에서 가장 높은 곳인데, 일본에서는 「天にも上る気持(하늘에도 오를 기분)」기뻐서 어찌 할 줄 모른다는 뜻으로 사용한다.

한자 그대로 말하면 存在(有)의 세계에서 最上(頂)인 하늘(天)이라는 뜻에서 유색계(有色界)의 정상에 있는 것이 有頂天이라 말하지만, 그러나 일설에는 무색계(無色界)의 정점(頂点)에 위치한 것을 有頂天이라고 말한다. 불교에서 혼은 삼계(三界)를 방황한다고 한다. 즉 삼계(三界)는 욕망을 가진 자가 살고 있는 욕계(欲界)와 욕망이 없는 깨끗한 색계(色界)와 물질에서 떠난 정신적 세계인 무색계(無色界)이다.

따라서 정신적 세계인 무색계(無色界)의 정점(頂点)에 위치한 것을 달한 것을 有頂天이라고 한다. 대개 인간은 도달할 수 없는 경지이고 정말은 좀처럼 有頂天은 될 수가 없을 것이다. 실속 없이 결코 기분만 하늘에 오르면 땅바닥에 떨어지는 것은 뻔한 것이다. 가장 중요한 것은 무엇보다 자기 내실을 충실하게 하는 것이다.

＊うれしくて有頂天だった. 기뻐서 어찌할 바를 몰랐다.

＊良い知らせを聞いて有頂天になっていた.

　좋은 소식을 들어서 기뻐서 어찌할 바를 몰랐다.

＊有頂天になって賞をもらったときのことを話した.

　매우 기뻐하며 상을 받았을 때의 일을 이야기했다.

• 破天荒(はてんこう)

「天荒」은 미개(未開)한 황무지라는 뜻이다. 중국 당(唐)나라 때 관리등용시험에서 합격자가 한 사람도 없었던 형주(刑州) 지방을 「天荒」이라고 불렀다. 그러다가 유세(劉蛻)라는 사람이 처음으로 진사에 합격하여 천황을 깨뜨렸다는 데서 유래되었다.

그래서 지금까지 누구도 할 수 없었던 것을 성취한 것을 파천황이라고 말한다.

비슷한 말은 前代未聞(ぜんだいみもん),未曾有(みぞう) 등이 있다.

＊破天荒の試み : 유례없는 시도

＊破天荒な大事業 : 유례없는 대사업

＊破天荒の出来事 : 유례없는 사건

⑤ 小部

【부수이야기】

「小(작을 소)는 큰 물체에서 떨어져 나간 불똥(·) 세 개가 작음을 나타내는 지사문자이다.

少(적을 소, 젊을 소)는 小(작은 소) 밑에 삐칠 별(丿)을 합친 형성 문자로 작은(小) 것을 다시 일부분을 떼어내니(丿) 양이 더 「적다」의 뜻이다. 크기가 작은 것은 小이고, 적은 분량 또는 젊고 어림을 뜻하는 것은 少이다.

일본에 가면 「コピー縮少 · 拡大」, 「步道縮少 通行注意」라고 쓰인 간판을 간혹 볼 수가 있는데 여기서 縮少라는 한자가 틀렸다.

小(작을 소)와 少(적을 소)는 음도 같고 의미도 字形도 닮아 있기 때문에 혼돈하기 쉽다.

최소한(最しょう限)에서 「しょう」는 小(작을 소)와 少(적을 소) 중에서 어떤 자인지 확실하게 자신이 없을 때는 최소한의 반대는 최대한(最大限)이기 때문에 대소(大小)를 생각하면 된다. 여기서 소는 小를 적어야 한다.

소수파(しょう数派)는 小(작을 소)와 少(적을 소) 중에서 어떤 자인지 확실하게 자신이 없을 때는 소수파의 반대는 다수파(多数派)이기 때문에 여기서 다소(多少)를 생각하면 된다. 여기서 소는 소(少)를 적어야 한다.

숙어에 따라서는 小(작을 소)와 少(적을 소, 젊을 소) 양쪽으로 다 사용하는 것도 있다. 이때는 문맥에 따라서 판단해야 한다.

最小 最少
最大 最多
過小 過少
過大 過多

最小(최소) : 가장 작은(小さい) 것.↔最大(최대)

＊世界で最小の国 : 세계에서 가장 작은 나라

最少(최소) : 가장 적은 (少ない) 것.↔最多(최다)

＊最少の人数 : 가장 적은 인원수.

過小(과소) : 지나치게 작음.↔過大(과대)

＊過小評する : 과소(지나치게 작게) 평가하다.

過少(과소) : 지나치게 적음.↔過多(과다)

＊人口が過少な地域 : 인구가 지나치게 적은 지역.

【부수한자】

▷ **小** 작을 소; 총3획; 교육한자 1학년

- **筆順** 亅 小 小

- **音** しょう

    ① 크기가 작다. ↔大

    - 小銃(소총/しょうじゅう)・小品(소품/しょうひん)

    - 縮小(축소/しゅくしょう)・矮小(왜소/わいしょう)

    ② 자기 측을 낮추어 말할 때 사용한다.

    - 小生(소생/しょうせい) : 저(남자가 주로 편지에
      쓰는 말).

- **訓** ちいサイ : (형) (물건의 모양이) 작다. ↔大(おお)きい

- **난독** 小豆(あずき) : 팥.

少 적을 소; 총4획; 교육한자 2학년

- **筆順** 丿 丿 小 少
- **音** しょう

  ① 수(数)가 적다. ↔多

   - 少量(소량/しょうりょう)↔多量(たりょう)

   - 少数(소수/しょうすう)↔多数(たすう)

   - 僅少(근소/きんしょう) : 조금. 아주 적은 모양.

   - 多少(다소/たしょう) : 많고 적음. 적은 분량.

   - 減少(감소/げんしょう) : 줄어서 적어짐.

  ② 나이가 어리다(おさない). ↔老

   - 少年(소년/しょうねん)↔少女(소녀/しょうじょ)

   - 年少者(연소자/ねんしょうしゃ)[71]

   - 老少(노소/ろうしょう)

- **訓** すくナイ : (형) 많지 않다. 적다. ↔多(おお)い

6 女部

【부수이야기】

屮·𡴀·𡴋 여자가 두 손을 가슴 앞으로 모으고 무릎을 꿇고 앉아 있는 모습을 본뜬 상형문자이다. 자원에

---

71) ↔年長者(연장자/ねんちょうしゃ)

서 보면 여성이 무릎을 꿇고 앉아 있는 모습을 본뜬 상형문자라는 것
은 여성이 남성에게 행동할 때 여성이 무릎을 꿇는 것은 요구하는 시
대, 즉 여성이 남성에게 예속되어 있던 시대의 남존여비(男尊女卑)적
사상이 반영된 한자이다. 주로 여자의 이름, 여자의 행동 따위, 여자로
하여 일어나는 여러 문제를 나타낸다. 아름답다는 뜻도 있지만 본래
는 좋은 의미에서 만들어진 글자가 아니다. 단적인 예로 女를 3개 합
친 姦(간사할 간)이라는 자를 생각해보자.

우선 한자를 3개 합치면 모두 많다는 뜻이다. 예를 보면

木(나무 목)→森(나무 빽빽할 삼)
日(해 일)→晶(밝을 정)
車(수레 차{거})→轟(울릴 굉)
牛(소 우)→犇(달아날 분)

木(나무 목)이 3개 합친 森는 나무 빽빽하게 있다는 뜻이고, 日(해
일)이 3개 합친 晶은 아주 눈부시게 밝다는 뜻이고, 車(수레 차{거})
가 3개 합친 轟는 많은 차들이 왕래하니 덜거덩덜거덩 시끄럽게 소리
를 낸다는 뜻이고, 牛(소 우)가 3개 합친 犇는 많은 소들이 놀래서 달
린다는 뜻이다. 중국에서는 奔(달릴 분)의 異体字로 사용하고 있지만
일본에서는「북적거리다, 야단법석을 떨다」는 뜻으로「犇(ひし)めく」
라고 읽는다. 정리하면 ＊라는 한자를 3개 합친 ＊＊의 한자는 ＊라는
한자가 본래가지고 있는 뜻의 연장선에서 ＊라는 한자의 뜻을 다시금
강조해서 나타내는 것이다. 그러나 유독 女를 3개 합친 姦(간사할 간)
은「수많은 여성」이라는 뜻이 아니다.

姦淫(간음/かんいん) : 결혼한 사람이 배우자가 아닌 이성과 성관계
를 맺음)

強姦(강간/ごうかん) : 상대방을 폭행이나 협박에 의하여 반항하지
못하게 하고 강제로 성관계를 맺음)

와 같이 「정당하지 않는 男女関係」를 나타내는 말에 사용하고 있다.
그리고 姦은 일본에서만 여자(女)가 3명(姦)이 모이면 「시끄럽다, 떠
들썩하다」는 뜻으로 「かしまシイ」라고 읽는다. 여성만이 아니라 남성
도 3명이 모이면 시끄럽다. 일본만이 아니라 어느 나라 사람이라도 3
명이 모이면 시끄럽기는 마찬가지이다. 그런데 유독 일본만 시끄럽다
는 뜻으로 사용하고 있다.

부수(部首)에 男部는 없는데 女部가 있다는 그 배경에는 여성을 차
별하는 고대인의 의식이 반영된 것이라고 본다. 女部의 한자는 약 900
자 정도가 있고 그 중 오늘날 사용하는 한자는 100자 정도 있다.

그러면 이 女部의 한자에서 여자의 일생을 살펴보면 대략 다음과
같다.

女+市(저자 시)=姉(손윗누이 자 : あね)

女+未(아닐 미)=妹(누이 매 : いもうと)

女+良(좋을 량{양})=娘(아가씨 낭{랑} : むすめ)

女+臣(신하 신)=姫(아가씨 희 : ひめ)

女+卑(낮을 비)=婢(여자종 비 : はしため)

女+家(집 가)=嫁(며느리 가 : よめ)

女+鼻(코 비)=嬶(마누라 비 : かかあ)

女+古(옛 고)=姑(시어미 고 : しゅうと)

　　女+霜(서리 상)=孀(과부 상 : やもめ)
　　女+波(물결 파)=婆(할미 파 : ばばあ)

　첫 번째로 태어난 여자에게 市(いち)를 붙여서 姉(손윗누이 자 : あ
ね)를 만들고 그 다음에 태어난 여자는 미숙(未熟)하기 때문에 未(아
닐 미)를 붙여서 妹(누이 매 : いもうと)라고 부르고 여자로서 가장
좋은 시기는 良(좋을 량{양} : よい)을 붙여서 娘(아가씨 낭{랑} : むす
め)이라 부르고 가신(家臣)을 섬기는 신분이 높은 여자는 臣(신하 신)
을 붙여서 姬(아가씨 희 : ひめ)라고 부르고 천한 신분의 여자에게는
卑(천할 비 : いやしい)를 붙여서 婢(여자종 비 : はしため)라고 부른
다. 그 다음 결혼해서 남편의 집에 들어가면 家(집 가 : いえ)를 붙여
서 嫁(며느리 가 : よめ)라고 부른다. 그리고 결혼해서 남편과 친하게
되어 서로 코가 마주칠 정도로 친하게 되면 鼻(코 비 : はな)를 붙여서
嬶(마누라 비 : かかあ)라고 부른다. 이윽고 나이가 들어 여자도 오래
되면 古(옛 고 : ふるい)를 붙여서 姑(시어미 고 : しゅうと)라고 부
르고, 그러다가 남편이 먼저 죽고 혼자서 자식을 키운다고 고생해서
머리가 서리와 같이 하얗게 되면 霜(서리 상 : しも)을 붙여서 孀(과
부 상 : やもめ)이라고 부른다. 그 후 얼굴에도 주름이 늘어나서 파도
치는 것 같이 되면 波(물결 파 : なみ)를 붙여서 婆(할미 파 : ばばあ)
라고 부르고 여자의 생은 끝마친다.
　일본 당용한자표에서 女部에는

　　女奴好如妃妊妙妥妨妹妻姉始姓委姬姻姿威娘娯娠婆婚婦婿媒
　　嫁嫡嬢

와 같이 30자가 수록되어 있다.

【부수한자】

> **女** 여자 녀{여}; 총3획; 교육한자 1학년

- **筆順** ｜ く 女 女 ｜

  이 한자는 아주 간단하지만 필순에 주의해야할 한자이
  다. 처음 1획을 一부터 쓰면 안 된다.

- **音**   じょ · にょ · にょう
  - 女性(여성/じょせい) · 養女(양녀/ようじょ)
  - 処女(처녀/しょじょ) · 長女(장녀/ちょうじょ)
  - 女房(にょうぼう) : 처. 아내.
  - 男女(남녀/だんじょ · なんにょ) : 남자와 여자.
  - 天女(천녀/てんにょ) : ⓐ 천인(天人). ⓑ 여신(女神).
  - 善男善女(선남선녀/ぜんなんぜんにょ)
  - 彼女(かのじょ)[72] : 그녀, 그 여자. 여자친구

- **訓**   おんな : (명) 여자.

- **난독** 海女(해녀/あま)

---

[72] 영어 「she」에 해당하는 3인칭 대명사지만, 「여자 친구」라는 뜻으로도 쓰인다.
참고로 「그, 그 남자」는 「彼(かれ)」이고 「남자 친구」는 「彼氏(かれし)」라고
부른다.

▷ **婦** [73] 며느리 부; 총11획; 교육한자 5학년

- **字源** 「女(여자 여{녀})+帚(비 추)」의 회의문자로 비(帚)를 들고 집일을 하는 여자(女)는 「아내·며느리」라는 뜻이다.

- **筆順** 女 女 女ꟹ 女ꟹ 婦 婦 婦

- **音** ふ·ぶ

  - 婦人(부인/ふじん)·新婦(신부/しんぷ)

  - 主婦(주부/しゅふ)·夫婦(부부/ふうふ)

  - 寡婦(과부/かふ): 미망인(남편과 사별 또는 이혼하여 재혼하지 않은 여자).

7 弓部

【부수이야기】

「활의 모양을 본뜬 상형문자이다. 왼쪽에 뜻을 나타내는 부수로서 사용할 때는 활궁변(ゆみへん)이라고 하고 그렇지 않을 때는 활궁(ゆみ)부수라고 말한다.

일본 당용한자표에서 弓部는

---

73) 掃(쓸 소)는 「扌(손 수)+帚(비 추)」의 지사문자로 손(扌)에 비(帚)를 들고 땅을 깨끗이 「쓸다(はく)」는 뜻이다. *掃除(소제/そうじ): 청소.

弓弔引弟弦弧弱張強弾

와 같이 10자가 수록되어 있다.

활은 고대에서는 무기로서만이 아니고, 다양한 의식에도 사용되었는데 이런 때에 弓의 하부에 새의 날개를 두 개(ノ)를 장식으로 붙여서 弜와 같이 사용하였는데 이 자를 두 개 나열한 형이 弱(약할 약; 弓-총10획; 교육한자 2학년)로 아름답게 장식된 활(弜)을 가지런히 놓은 것을 말한다. 즉 이 한자는 딱딱한 활(弓)에 부드러운 새의 날개가 붙어 있기 때문에 「부드럽다, 유연하다(しなやか)」는 뜻으로 바뀌고, 다시금 약하다(よわい)라는 뜻으로 사용되게 되었다.

弱과 반대어인 強(굳셀 강; 弓-총11획; 교육한자 2학년)은 「弓(활궁) + ㅿ(넓다 : ひろい) + 虫(벌레 충)」의 형성문자인데, 여기서 弘(넓을 홍; 弓-총5획)은 「弓(활 궁) + ㅿ(넓다 : ひろい)」의 형성문자로 활(弓) 시위를 넓게(ㅿ) 잡아당긴다는 것에서 「크다, 넓다」는 뜻으로 사용한다. 전체적으로 보면 큰 벌레라는 뜻이다. 그래서 큰 벌레는 강하기 때문에 강하다(つよい)라는 뜻으로 사용되었다.

弟(아우 제; 弓-총7획)가 활궁부수에 속한다는 것은 좀 뜻밖이라고 생각하는 사람이 있을 것이다. 하지만 자형의 내부에 弓을 내포하고 있다.

「하지만 이것은 弓을 표시하고 있는 것은 아니다. 나무 기둥에 굵은 줄로 위에서 아래로 차례로 잘 묶은 모습을 본뜬 상형문자이다.

따라서 원래 이 한자의 뜻은 「차례, 순번」이라는 뜻이었는데 뜻이

확장되어 「형제(兄弟)」라는 뜻을 나타내고, 다시금 동생(おとうと)라는 뜻으로 사용되었기 때문에 본래의 순서를 나타내기 위해서 弟에 竹(대 죽)을 첨가해서 第(차례 제; 竹-총11획)가 생긴 것이다.

張(베풀 장; 弓-총11획)은 「弓(활 궁)+長(길 장)」의 형성문자이다. 부수 弓은 뜻을 나타내고 長은 음을 나타내면서도 뜻도 나타내고 있다. 따라서 이 한자의 음은 장이고 뜻은 활(弓) 시위를 길게(長) 잡아 당기니 「넓히다, 크게 하다, 베풀다」라는 것이다.

【부수한자】

弓 활 궁; 총3획; 교육한자 2학년

- **筆順** ㄱ ㄱ 弓
- **音** きゅう
  - 弓術(궁술/きゅうじゅつ)・洋弓(양궁/ようきゅう)
  - 弓道(궁도/きゅうどう)
- **訓** ゆみ : (명) 활.
- **훈독숙어** 弓矢(궁시/ゆみや) : 활과 화살.

引 끌 인; 총4획; 교육한자 2학년

- **字源** 「弓(활 궁)+화살(丨)」의 회의문자로 활(弓) 시위에 화살(丨)을 채워 「당기다」는 뜻이다.

- **筆順** 　ㄱ　ㄱ　弓　引
- **音**　　いん

  引率(인솔/いんそつ)・引導(인도/いんどう)

- **訓**　　ひク : (타5) 끌어당기다.

▷ **弔**　조상할 조; 총4획; 당용한자

- **字源**　「弓(활 궁) + ㅣ(뚫을 곤)」의 회의문자로 옛날에 전쟁터
  에서 전우가 죽으면 활(弓)을 막대(ㅣ)에 걸고 슬퍼했다
  는 데서 「조상하다」는 뜻으로 사용한다.

- **筆順**　　ㄱ　ㄱ　弓　弔

- **音**　　ちょう

  - 弔客(조객/ちょうきゃく) : 문상객.
  - 弔意(조의/ちょうい) : 죽은 이를 애도하는 마음.

- **訓**　　とむらウ : (타5) 애도하다. 조상하다.

8 戸部

【부수이야기】

門-門-冃-戸-戸　門은 양쪽 문이 있는 것을 본뜬 상
형문자이고, 戸는 門의 왼쪽 부분

만을 본뜬 상형문자이다. 옛날 집들은 대부분 문이 한 짝이었으니 집
이라는 뜻으로도 사용한다. 다시 말해서 한쪽 문은 戶, 두 짝으로 된
문은 門이라는 한자를 사용한다. 일본에서는 戶가 들어가는 한자는
전부 한 획의 방향을 변형시켜 戸로 바꾸어 표기한다. 합체자(형성문
자)를 만들 때 위쪽에 붙여서 부수(部首)로서 사용할 때는 「지게호 머
리/とかんむり」라고 하는데, 작은 문(とびら)나 문 안에 있는 방과 관
련된 뜻을 나타내는 한자에 사용한다.

일본 당용한자표에서 戶部에는

戶房所扇

와 같이 4자가 수록되어 있다. 여기서 「所」는 「とかんむり」라기 보
다는 「とへん」이라고 말해야 할 것이다. 『説文解字』에서는 이 한자를
戶部가 아니고 斤部에 수록되어 있다. 현재 일본에서는 당용한자표에
는 戶部에 수록이 되어 있지만 시중에 팔고 있는 漢和辞典은 편집자
의 문자 해석이 어느 쪽을 중시하는가에 따라서 戶部에 수록하고 있
는 사전과 斤部에 수록하고 있는 사전이 있다.

所(바 소; 戶-총8획)=戶(외짝 문호)+斤(도끼 근)

위 한자는 옛날 집(戶)에서 도끼(斤)를 보관하는 장소라는 뜻이다.

이 한자를 제외하고는 戶가 부수로서 사용할 때는 거의가 머리(か
んむり)의 위치에 온다.

그리고 肩(어깨 견; 肉-총8획)은 戶가 부수로 사용하고 있지만 이

한자는 肉(月) 부수에 수록되어 있다.

肩(어깨 견)

위 한자는 사람 인체(月=肉) 중에서 戶와 같이 쩍 벌어진 곳은 어깨 (肩)라는 뜻인데 戶보다 인체(月=肉)을 중요시한 것 같다.

그리고 일본에서 현재 사용하고 있는 戻는 원래는 戶 아래에 大(큰 대)가 아니고 犬(개 견)이다. 원래 戾와 戻는 구성으로 보아도

戾(어그러질 려{여})=戶(지게 호)+犬(개 견)
戻(수레 옆문 태)=戶(지게 호)+大(큰 대)

와 같이 다르고, 발음도 한 점이 있는 戾는 려(れい), 한 점이 없는 戻는 태(たい)와 같이 다르다.

그런데 일본은 제2차 세계대전이후 당용한자, 상용한자를 제정할 때 한 점이 있는 한자는 한 점을 생략해서 사용했다. 따라서 현재 일본에서 사용하고 있는 戻는 원래 점이 있는 戾라는 한자라고 생각하면 되겠다.

현재 일본에서 戻는

戻(もど)る : (자5) 되돌아오다.
戻(もど)す : (타5) 되돌리다. 돌려보내다.

와 같이 일반적으로 사용하고 있는데 보통 「もどる」라고 할 때 「원

래 있던 장소로 되돌아오다」는 뜻으로

_{せんせい} _{けんきゅうしつ} _{もど}
先生はすぐ研 究 室へ戻ります.

와 같이 사용하고 있다. 그리고 음으로「れい」라고 있을 때는 두 가지 뜻으로 사용하고 있다. 첫째는 앞에서 본 것과 같이「もどす」의 뜻으로「返戻(へんれい) : 돌려줌.」와 같이 사용하고 또 다른 뜻은「暴戻(ぼうれい) : 도리나 규율에 어긋나는 행동을 하는 악질(포악)」이라는 뜻으로 사용하고 있는데 이것이 이 한자의 본래의 뜻이다. 이 한자의 본래의 한자인 戾를 보면 개(犬)가 좁은 쪽문(戶)에서 몸을 비틀고 나오는 모습을 표시한 한자이지만 개(犬)에 대한 것을 말하는 것이 아니고「사람의 마음이나 행동이 비틀어져 있는 것」을 개의 모습으로 예시하고 있는 것이다.

【부수한자】

▷ **戶** 외짝 문 호; 총4획; 교육한자 2학년

- **筆順** 一 𠃊 弖 戶

  3획을 조심해야 한다.

- **音** こ

  ① 집의 출입문=とびら · と.

  － 戶外(문외/こがい) : 집 바깥. 옥외.

  ② 집 일가(一家).

- 戸籍(호적/こせき) : 호수(戸数)와 한 집안의 식구
  를 적은 장부.
- 戸主(호주/こしゅ) : 한 집의 주인. 가장.
- **訓**　と : (명) 문.
- **난독**　下戸(じょうご) : 술꾼. 술을 많이 마시는 사람.
　　　　下戸(げこ) : 술을 마시지 못하는 사람.

▷ 房　방 방; 총8획; 당용한자

- **字源**　「戸(집 호)+方(모 방 : 깃발의 상형문자로 방향을 나타
  냄)」의 형성문자로 뜻을 나타내는 戸部와 음(音)과 뜻을
  나타내는 方(모 방)으로 이루어진 한자이다. 문(戸) 쪽
  방향(方)에 있는 「곁방」이라는 뜻이다.
- **筆順**　┌─────────────────────────┐
　　　　│ 一　ㄱ　戸　戸　房　房　│
　　　　└─────────────────────────┘
- **音**　ぼう
　　　　冷房(냉방/れいぼう)
- **訓**　ふさ : (명) 꽃이나 열매의 송이.
- **훈독숙어**　乳房(유방/ちぶさ) : 젖통.

▷ 扇　사립문 선; 총10획; 당용한자

- **字源**　「戸(집 호)+羽(깃 우)」의 형성문자이다. 「부채」는 종이가
  나오기 이전에는 싸리문(戸)을 엮듯이 새의 깃(羽)을 역

어 만들었다.

- **筆順**　一 二 戸 戸 肩 扇
- **音**　せん

　　扇風機(선풍기/せんぷうき)
- **訓**　① あおグ : (타5) 부채질하다. ② おうぎ : (명)부채.

▷ **扉**　문짝 비; 총12획; 상용한자

- **字源**　「戸(집 호)+非(아닐 비 : 새의 날개가 서로 반대로 향하여 있는 것을 나타내는 것으로 같은 방향이 아니다(서로 어긋나다)의 뜻이다.)」의 상형문자이다. 뜻을 나타내는 戸部와 음과 뜻을 나타내는 非(아닐 비 : 여기서는 잡목 따위의 가지로 엮어 만든 모양)로 이루어진 한자로 「문짝(とびら)」이라는 뜻이다.
- **筆順**　二 戸 戸 肩 扉 扉
- **音**　ひ
- **訓**　とびら : (명) 여닫는 문의 문짝.

【扉을 기본자로 하는 한자】

▶ **編**　엮을 편; 糸 -총15획; 교육한자 5학년

- **字源**　「糸(실 사)+扁(작을 편)」의 형성문자이다. 실(糸)로 문

(戶)에 걸어두는 작은 문패(冊)를 꿰어 엮다. 옛날 감찰
관이 지방(地方)에 나가 민정을 살핀 결과(結果)를 글로
써서 왕에게 올리던 장계는 작은 대나무에 글씨를 적어
그것을 실로 꿰어 「엮다(あむ)」는 뜻이다.

* 篇(책 편)은 상용한자이외한자이기 때문에 編으로 바
꾸어 표기함.

- **筆順**　糸　紓紓絹絹編

- **音**　へん

　　後編(후편/こうへん)・長編(장편/ちょうへん)

- **訓**　あム : (타5) 엮다. 뜨다. 짜다.

▶　**肩**　어깨 견; 肉 -총8획; 당용한자

- **字源**　「戶(집 호)+月(肉)」의 상형문자로 戶와 같은 모습이 있
　　는 인체(月=肉)는 왼쪽 「어깨(かた)」이다.

- **筆順**　一 ヨ 戶 戶 肩 肩

- **音**　けん

　　-肩章(견장/けんしょう) : 군인이나 경찰관이 입는 제
　　복의 어깨에 붙여서 계급을 나타내는 휘장.

- **訓**　かた : (명) 어깨.

▶　**偏**　치우칠 편; 人 -총11획; 당용한자

- **字源** 「亻(사람인 변)+扁(작을 편)⁷⁴⁾」의 형성문자로 사람(亻)들 중에서 마음이 작은(扁)사람은 편견을 가지기 쉽다는 데서 한쪽으로 「치우치다(かたよる)」는 뜻이다.

- **筆順** 亻 亻 伊 偏 偏 偏

- **音** へん

  偏見(편견/へんけん)・偏食(편식/へんしょく)

- **訓** かたよル : (자5) 한 쪽으로 치우치다. 기울다.

雇 품살 고{새 이름 호}; 隹 -총12획; 당용한자

- **字源** 「戸(집 호)+隹(새 추; 꽁지가 짧은 새 메추리 등 늪지에 살고 있는 새)」의 형성문자로 집(戸) 앞에서 우는 철새(隹)을 가엽게 여겨 집에 들여놓는다는 것에서 임시로 「고용하다(やとう)」는 뜻이다.

- **筆順** 一 ⼹ 戸 戸 屏 雇

- **音** こ

  雇用(고용/こよう) : 품삯을 주고 부림.

- **訓** やとウ : (타5) 고용하다.

遍 두루 편; 辵 -총12획; 당용한자

---

74) 扁(넓적할 편; 戸-총9획; 상용한자이외한자)은 「戸(집 호)+冊(책 책)」로 집 문(戸) 앞에 冊와 같이 나열한 문패는 작다는 뜻이다.

- **字源** 「辶=辶(쉬엄쉬엄 갈 착)의 약자+扁(작을 편)」의 형성문
  자로 작은(扁) 곳도 쉬엄쉬엄 모두 들른다(辶)는 데서
  「널리, 골고루(あまねく)」라는 뜻이다.

- **筆順**
 ⼁ 尸 戶 戶 扁 遍

- **音** へん
  - 遍歷(편력/へんれき) : 두루 돌아다님.
  - 遍在(편재/へんざい) : 널리 퍼져 있음.

- **訓** あまねク : (부) 널리. 골고루.

> 顧 돌아볼 고; 頁 –총21획; 당용한자

- **字源** 「雇(戶+隹)+頁[75](머리 혈)」의 형성문자로 남을 고용하
  기(雇) 위해서 어떤 사람인가 그 사람의 과거를 「뒤돌아
  보다(かえりみる)」는 뜻이다.

- **筆順**
 戶 戶 雇 雇 顧 顧

- **音** こう
  - 顧慮(고려/こりょ) : 돌이켜 생각하여 봄.
  - 顧客(고객/こきゃく) : 단골손님.

- **訓** かえりミル : (타상1) 뒤돌아보다. 회고하다.

---

75) ペ·ジ(page)

▶ 涙 눈물 루{누}; 水 –총10획; 상용한자

- 字源 「氵(水)+戻」의 형성문자로 감동을 받아 되돌아 나오는 (戻) 물(氵)은 「눈물(なみだ)」이라는 뜻이다.

- 筆順 氵 氵 氵 沪 沪 涙

- 音 るい

  落涙(낙루/らくるい) : 눈물을 흘림.

- 訓 なみだ : (명) 눈물.

▶ 漏 샐 루{누}; 水–총14획; 상용한자

- 字源 「氵(水)+戶+雨」의 형성문자로 빗(雨)물(氵)이 지붕(戶)에서 「새다(もれる)」는 뜻이다.

- 筆順 氵 沪 涓 漏 漏 漏

- 音 ろう

  - 漏洩[76]漏泄=(누설/ろうせつ・ろうえい)

  - 漏電(누전/ろうでん)・漏水(누수/ろうすい)

- 訓 もレル : (자하1) 새다.

---

76) 漏泄라고도 함.

⑨ 皿部

【부수이야기】

「_」 위에 무언가를 장식을 한 멋진 접시의 상형문자(象形文字)이다. 위는 음식을 담는 부분이고 가운데는 그릇의 몸체이고 아래는 그릇의 바닥을 나타낸다. 부수의 위치는 항상 글자의 아래 부분에 위치하고 그릇의 종류를 나타내거나 그릇으로부터 유래되는 뜻과 관계가 있음을 나타내는 한자에 사용한다. 이 부수와 비슷한 한자 血[77](피혈)은 옛날 신(神)에게 제사 지낼 때 동물의 피를 사용하였는데 그때 접시(皿) 위에 피를 붓는 모습(丿)을 나타내는 회의문자로 血部에 수록되어 있다.

温(따뜻할 온)은 溫의 약자로 물(氵)을 감옥에 갇혀 있는 죄수(囚 : 가둘 수)에게 그릇(皿)에 담아주는 마음에서 따뜻하다는 뜻이다.

일본 당용한자표에서 皿部에는

　　盆益盛盜盟尽監盤

와 같이 8자가 수록되어 있다.

【부수한자】

---

77)【音】ケツ・ケッ【訓】ち(명) 피.

> ## 益 더할 익; 총10획; 교육한자 5학년

- **字源** 益(더할 익)은 溢의 약자로 그릇(皿)에 음식을 쌓고(八) 또(一) 쌓아(八) 넘치는 모양에서 「더하다」는 뜻이다.

- **筆順** ⸜ ⸍ 六 益 益 益

- **音** えき・やく

  - 利益(이익/りえき) : 정신적, 물질적으로 이롭고 보탬 이 되는 일.

  - 利益(りやく) : 부처의 가르침을 받으면서 얻는 은혜 나 행복.

- **訓** ます : (자5) 많아지다. 붇다. 늘다.

> ## 盛 담을 성; 총12획; 교육한자 6학년

- **字源** 「成(될 성)+皿(그릇 명)」의 형성문자로 그릇(皿)에 음식 을 가득(成) 담은 것을 나타낸 것으로 「풍성하다」는 뜻이 다.

- **筆順** ノ 厂 厉 成 咸 盛

- **音** せい・じょう

  盛大(성대/せいだい)・繁盛(번성/はんじょう)

- **訓** ① もル : (타5) 수북이 담다.

  ② さかル : (자5) 번성하다. 번영하다.

【成을 기본자로 하는 한자가족】

▶ **成** 이룰 성; 戈 -총7획; 교육한자 4학년

- **字源** 「戊(무성할 무)+丁(장정 정)」의 형성문자로 혈기 왕성한(戊) 장정(丁)이 목적한 대로 「일을 이루다·되다(なる)」의 뜻이다.

- **筆順** 丿 厂 厉 厉 成 成 成

- **音** せい·じょう

  成立성립/せいりつ)·養成(양성/ようせい)

  成就(성취/じょうじゅ)·成功(성공/せいこう)

- **訓** なル : (자5) 성취되다. 완성하다.

  なス : (타5) 만들다. 짓다.

▶ **誠** 정성 성; 言 -총14획; 교육한자 6학년

- **字源** 「言(말씀 언)+成(될 성)」의 형성문자로 말(言)로서 되다(成)는 것은 「정성을 다하다」는 뜻이다.

- **筆順** 言 訁 訂 訪 誠 誠

- **音** せい

  誠実(성실/せいじつ)·忠誠(충성/ちゅうせい)

- **訓** まこと : (명) ⓐ 거짓이 아님. 진실. ⓑ 성의(誠意). 진정.

城 성 성; 土 –총10획; 교육한자 6학년

- **字源** 「土(흙 토)+成(될 성)」의 형성문자로 옛날 흙(土)으로 이루어져(成) 있는 것은 「성(しろ)」이다.

- **筆順** ｜ 亻 亻 亻 亻 信 信

- **音** じょう

  城主(성주/じょうしゅ) : 성의 소유자. 성의 주인.

- **訓** しろ : (명) 성(적의 공격을 막기 위해서 흙이나 돌로 견고하게 쌓아 올린 건축물).

盟 맹세할 맹; 총13획; 교육한자 6학년

- **字源** 「明(밝을 명)+皿(그릇 명)」의 상형문자로 서로의 의지를 명확하게(明) 하기 위해서 그릇(皿)에 술이나 피를 담아 마시며 「맹세하다(ちかう)」는 뜻이다.

- **筆順** 日 明 明 朗 盟 盟

- **音** - 盟約(맹약/めいやく) : 굳게 맹세함.

  - 盟主(맹주/めいしゅ) : 서로 동맹을 맺은 개인이나 집단의 우두머리.

盜 도둑 도; 총11획; 당용한자

- **字源** 「冫＝氵+欠(하품 흠)+皿(그릇 명)」의 형성문자로 盜의

약자이다. 침(丷)을 흘리며 하품(欠)하듯 입을 벌리고 그
릇(皿)에 있는 음식을 훔쳐 먹는 것을 「도둑질 하다(ぬす
む)」는 뜻이다.

- 筆順　　$\boxed{\text{ 冫 　丷 　次 　盗 　盗 　盗 }}$
- 音　　とう

　　　　盗難(도난/とうなん)・盗賊(도적/とうぞく)
- 訓　　ぬすム : (타5) 훔치다.

監　볼 감; 총14획; 당용한자

- 字源　「臥(엎드릴 와)=臣(신하 신)+人(사람 인))+一+皿(그릇
　　　　명)」의 회의문자로 유리 거울이 귀하던 옛날에는 엎드려
　　　　(臥) 그릇(皿)에 물(一)이 가득 차 있는 물 표면에 비추
　　　　어 「보다」는 뜻이다.

- 筆順　　$\boxed{\text{ 丨 　厂 　厂 　臣 　臣 　監 }}$
- 音　　監督(감독/かんとく)・監視(감시/かんし)・監査(감사/
　　　　かんさ)

盤　대야 반; 총15획; 당용한자

- 字源　「般(옮길 반)+皿(그릇 명)」의 형성문자로 그릇(皿)을 옮
　　　　기는(般)「큰 대야(たらい)」라는 뜻이다.

- 筆順　　$\boxed{\text{ 舟 　舟 　般 　般 　盤 　盤 }}$

• 音　　磐石(반석/ばんじゃく) : 넓고 평평한 큰 바위

⑩ 田部

【부수이야기】

「田은 논의 논두렁길로 경계를 지은 모습을 나
타낸 상형문자이다. 중국과 한국에서는 밭이라
는 의미로 사용하지만 일본에서는 논을 가리키
고, 밭은 「畑(밭 전)」[78]와 「畠(밭 전)」[79]로 표기한다.

　이 문자의 형은 갑골문자부터 이때까지 기본적으로 변화하지 않았
다. 왼편에 뜻을 나타내는 부수로서 사용할 때는 밭전 변(たへん)이라
고 하고 전체적으로 田이 들어가 있는 한자를 田部라고 말한다. 田部
에는 논밭에 의한 경작에 관계되는 문자가 수록되어 있다. 중국, 한국,
일본은 옛날부터 농경이 발달했기 때문에 田部를 하는 한자가 많이
만들어졌다.

　일본 당용한자표에서 田部에는

　　　田由甲申男町界畑畔留畜畝略番画(畫)異当(当)畳

와 같이 18자가 수록되어 있다. 그런데 모두 논밭에 관계되는 한자
만 수록된 것은 아니다. 우선 논밭에 관계되는 한자는

---

78) 풀을 불(火)로 깡그리 태워 버리고 씨를 뿌린 화전을 의미한다.
79) 물이 없이 하얗게(白) 마른 밭을 의미한다.

男町界畑畔留畜畝略番画

와 같다.

【부수한자】

▷ 田 밭 전; 총5획; 교육한자 1학년

- 筆順 ｜ 冂 冂 冊 田
- 音　 でん

　　　水田(수전/すいでん) : 논. 수답(水畓).

　　　田園(전원/でんえん) : ⓐ논과 밭. ⓑ시골. 교외(教外).

- 訓　 た : (명) 논.
- 난독　 田舍(いなか) : 시골

▷ 男 사내 남; 총7획; 교육한자 1학년

- 字源　「田(밭 전) + 力(힘 력{역}=男」의 회의문자로, 밭(田)에
　　　나가서 힘써(力) 일하는 「사내(おとこ)」를 뜻한다.
- 筆順 ｜ 冂 冂 田 甲 男
- 音　 ① だん

　　　 - 男女(남여/だんじょ)・男性(남성/だんせい)

　　　 - 男子(남자/だんし)↔女子(여자/じょし)

② なん

    - 美男(미남/びなん) : 잘 생긴 남자.

    - 次男(차남/じなん) : 둘째 아들.

    - 下男(げなん) : 남자 하인. 머슴. ↔下女(하녀/げじょ)

- **訓**   おとこ : (명) 남자.

▷ **町** 밭두둑 정; 총7획; 교육한자 1학년

- **字源** 「田(밭 전) + 丁(못, 말뚝 정)=町」의 형성문자로 원래 町은 밭(田)에 말뚝(丁)을 박아 논밭의 경계를 나타내는 한자이지만 일본에서는 훈으로「まち」, 음으로는「ちょう」라고 읽고 소규모의 도시 구획을 나타내는 한자이다.

- **筆順** | 冂　冊　田　町ー町 |

- **音** ちょう

    町民(ちょうみん) : 동민

- **訓** まち : (명) 도회지.

▷ **当** 마땅할 당; 총6획; 교육한자 2학년

- **字源** 当은 밭전(田)이 없지만 田部에 수록되어 있는 것은 이 한자의 정자는 當이기 때문이다. 當(당할 당; 当-총13획)은「尙(숭상할 상; 小-총8획)의 변형자+田(밭 전)」이다. 논밭(田)은 우리들에게 먹거리를 주기 때문에 숭상하는

(尙) 것은「맞다(あたる)」는 뜻이다.

- **筆順**　| ｀ 丶 丷 丷 当 当 |

- **音**　とう

    当然(당연/とうぜん) : 마땅히 그러함.

- **訓**　あタル;(타5) 예상이 들어맞다. 적중하다.

▷ **番** 차례 번; 총12획; 교육한자 2학년

- **字源**　「{采(나눌 변)=丿(삐침 별)+米(쌀 미)}+田(밭 전)=番」의
    상형문자로 采(나눌 변)는 米(쌀 미)에 丿(삐침 별)을 찍
    어 표시한 부분까지 나눈다는 뜻이다. 따라서 番은 논밭
    (田)을 차례차례로 나누어(采)「번지(番地)」를 매긴다는
    뜻이다.

- **筆順**　| 丿 ⌒ 乎 采 番 番 |

- **音**　ばん

    番地(번지/ばんち) : 주소.

▷ **画** ① 그림 화[80] ② 그을 획[81]; 총8획; 교육한자 2학년

- **筆順**　| 一 丆 帀 両 面 画 |

---

80) 画는「畫・画(그림 화)」의 약자이다. ＊畫는「聿(붓 율)률+田(밭 전)+一(한
일)=畫」로 붓(聿)으로 밭(田)을 하나(一) 그리니「그림」이라는 뜻이다. ＊晝
(낮 주)는「=聿(붓 율)률+日(해 일)+一(한 일)=晝」로 붓(聿)으로 해(日) 하

- 音　①が

　　　画家(화가/がか) : 그림 그리는 사람.

　　②かく

　　　画一(획일/かくいつ) : 변함이 없이 한결같음.

　　　企画(기획/きかく) : 어떤 일을 꾸미어 계획함.

▷ **由**　말미암을 유; 총5획; 교육한자 3학년[82)

- **字源**　「田(밭 전)+ㅣ(새 싹)=由」로 밭(田)에 씨앗을 뿌림으로 말미암아 새싹(ㅣ)이 나오는 것을 묘사한 상형문자로 「말미암다, 기인하다(よる)」의 뜻이다.

- **筆順**　| ㄲ 市 由 由

- 音　①ゆ

　　　由来(유래/ゆらい) : 연유. 까닭.

나(一)을 그려 낮을 표시한다. 일본에서는 약자로 昼(ひる)라고 한다. ＊書(쓸 서)는 「聿(붓 율)률+曰(가로 왈)=書」로 붓(聿)으로 말하듯(曰) 쓴다는 뜻이다.

81) 画는 「劃(그을 획)」의 약자이다.

82) ▶油(기름 유; 水-총8획; 교육한자 3학년)
「氵+由」의 형성문자로 잡아당기는(由) 같이 보이는 물(氵)은 「기름」이다.
【音】ゆ　＊石油(석유/せきゆ)
【訓】あぶら : (명) 기름. ＊동물의 기름은 「脂」라고 말한다.
▶笛(피리 적; 竹-총11획; 교육한자 3학년)
「竹+由」의 형성문자로 잡아당기는(由) 같이 보이는 죽(竹)은 「피리」이다.
【音】テキ　＊汽笛(기적/きてき) : 증기의 힘으로 부는 고동.
【訓】ふえ : (명) 피리.

経由(경유/けいゆ) : 거쳐 감.

② ゆい

由緒(유서/ゆいしょ) : 유래. 내력.

③ ゆう

理由(이유/りゆう)・事由(사유/じゆう)・自由(자

유/じゆう)

- ・訓　① よし;까닭. 사정.

　　② よル : (자5) 연유하다. 원인이 되다.

▷ **申**　아홉째 지지 신; 총5획; 교육한자 3학년

- ・字源　「田(밭 전)+丨(뚫을 곤)=申」의 상형문자로 밭(田)에 뿌린
씨앗이 위(새싹) 아래(뿌리)로 뚫고(丨) 뻗는 모습에서 「펴
다」는 뜻과 속마음을 펴서 「말하다(もうす)」의 뜻이다.

- ・筆順　| 丨 冂 曰 申 |

- ・音　しん

申告(신고/しんこく)・申請(신청/しんせい)

- ・訓　もうス : (타5) (아랫사람이 윗사람에게)말하다.

▷ **界**　지경 계; 총9획; 교육한자 3학년

- ・字源　「田(밭 전)+介(끼일 개)=界」의 형성문자로 논밭(田) 사
이에 끼어(介) 있는 것이니 「경계(さかい)」를 뜻한다.

- **筆順**

冂	冂	田	界	界	界

- **音**　かい

　世界(세계/せかい)

▷ **畑**　화전 전; 총9획; 교육한자 3학년

- **字源**　「火(불 화)+田(밭 전)=畑」의 형성문자로 일본에서 만든 国字이다. 원편에는 火부수가 있지만 이 한자는 火部에 수록이 되어 있는 것이 아니고 田部에 수록되어 있다. 중국·한국에서 밭이라는 의미의 한자는 전(田)이지만 일본에서는 원래 수전(水田)을 의미하기 때문에 물이 들어있지 않는 경작지인 畑와 畠의 자를 만든 것이다. 畑란 한자는 풀을 불(火)로 깡그리 태워 버리고 씨를 뿌린 화전(田)을 의미하고, 畠란 한자는 물이 없이 하얗게(白) 마른 밭(田)을 의미한다.

- **筆順**

丷	火	火丨	火田	畑	畑

- **訓**　はた·はたけ : (명) 밭.

▷ **留** [83)]　머무를 류{유}; 총10획; 교육한자 5학년

- **字源**　「音符인 卯(왕성할 묘)의 변형+田(밭 전)=留」의 형성문

---

83) 貿(바꿀 무; 貝-총12획; 교육한자 5학년)

자로 농부가 왕성하게(卯) 일하려고 밭(田)에 「머무르다
(とまる)」의 뜻이다

- **筆順** ＇ ﾅ ﾑ7 卯刀 留 留

- **音** ① りゅう

    留任(유임/りゅうにん) : 그 직책에 머물러 있음.

    留学(유학/りゅうがく) :

    ② る

    留守(るす) : 부재중(외출하고 집에 없음).

- **訓** とまル : (자5) 머물다.

▷ **略** [84) 간략할 략[약]; 田 –총11획; 교육한자 5학년

- **字源** 「田(밭 전)+各(각각 각)=略」의 형성문자로 고대 측량기가
    없을 때는 밭(田)의 경계는 각자(各)의 발걸음으로 걸어서
    거리를 대략으로 정한다는 데서 「간략하다」는 뜻이다.

- **筆順** 田 田 田ク 田久 略 略

- **音** りゃく

    -略字(약자/りゃくじ) : 글자의 획수를 줄여 간단하게
     쓴 글자.

---

84) 絡(이을 락)은 「糸(실 사)+各(각각 각)」의 형성문자로 실(糸)로 각각(各)을
「잇다」는 뜻이다. ＊連絡(연락/れんらく)
格(격식 격)은 「糸(실 사)+各(각각 각)」의 형성문자로 나무(木)마다 모두 각
각(各) 전부 다른 「격식」이 있다는 뜻이다. ＊資格(자격/しかく)

異 다를 이; 田 -총12획; 교육한자 6학년

- **字源** 「田(밭 전)+共(함께 공)=異」의 회의문자로 밭(田)이 한
  군데 함께(共) 있어도 주인은 각각 「다르다(ことなる)」
  는 뜻이다.

- **筆順** | 罒 田 甲 畢 畢 異

- **音** い

  異見(이견/いけん) : 서로 다른 의견.

  異常(이상/いじょう) : 보통과 다른.

- **訓** ことナル : (자5) 다르다.

甲 첫째 천간 갑; 田 -총5획; 당용한자

- **字源** 「田(밭 전)+丨(뿌리)=甲」로 밭(田)에 뿌린 씨앗의 뿌리
  (丨)가 나오는 모습을 본뜬 상형문자로, 밭(田)에 뿌리
  (丨)가 처음 나오니 「첫째」라는 뜻이고, 또 그 모습(씨앗
  겉껍질 모양)이 「갑옷」과 같다는 뜻이다.

- **筆順** 丨 冂 冂 曰 甲

- **音** ① かん

  - 甲板(갑판/かんぱん) : 큰 배 위에 나무나 철판 따
    위를 깔아 놓은 넓고 평평한 바닥.

  ② かつ

  - 甲冑(갑주/かっちゅう) : 갑옷과 투구.

③ こう

甲種(こうしゅ) : 으뜸가는 종류.

• **난독**　甲斐(かい) : 보람. 효과.

▷ **畝**　이랑 무{묘}; 총10획; 당용한자

• **字源**　「亠(돼지해머리)+田(밭 전)+久(오랠 구)=畝」로 여기서 久(오랠 구)는 일본인들이 자기들의 문자를 만들 때 이 久을 참조해서 히라가나「く」와 가타카나「ク」를 만들었 다. 이 한자를 잘 보면 뒤에는 작은 사람「𠂊」이고 앞에는 큰 사람 人이다. 작은 아이(𠂊)가 부모(人) 뒤에서 찡찡 거리면서 부모를 잡아당기기 때문에 빨리 갈 수가 없어 「오래 시간이 걸리다」는 뜻이다. 전체적으로 畝는 밭(田) 을 오랜(久) 시간 동안 경작해서 밭의 고랑을「亠」와 같 이 하는 것을 말한다. 따라서 갈아 놓은 밭의 고랑 사이에 흙을 두둑하게 올려 만든 곳을 말하는「밭이랑」이라는 뜻으로 사용한다. 이것을 일본에서「うね」라고 말한다. 그리고 논밭·집터 따위의 면적 단위를 나타내는 말로서 도 사용하는데 그 때는 일본에서는「반」라고 읽는다.

• **筆順**　亠 亩 亩 畝 畝 畝

• **訓**　① うね : (명) 밭이랑.

　② 반 : (명) 토지의 면적 단위. 약 30평.

▷ **畔** 두둑 반; 총10획; 당용한자

- **字源** 「田(밭 전)+半(반 반)=畔」의 형성문자로 여기서 音符
  인 半[85](반 반)은 半(八+二+丨)의 약자로 나누어(八) 둘
  (二)로 가르니(丨) 「반 반」이라는 뜻이다. 그래서 畔은
  논밭(田)을 반(半)으로 나누어지는 곳은 「논두렁(あぜ)」
  이다.

- **筆順** | 冂 | 冂 | 田 | 田 | 畔 | 畔 |

- **音** はん
  湖畔(호반/こはん) : 호숫가.

- **訓** あぜ : (명) 논두렁. 밭두렁.

▷ **畜**[86] 가축, 기를 축; 총10획; 당용한자

- **字源** 「{玄(검을 현)[87]=亠(돼지해머리)+幺(작을 요)}+田(밭
  전)=畜」의 회의문자로 머리(亠) 작은(幺) 동물을 밭(田)
  에서 「기르다(やしなう)」는 뜻이다.

- **筆順** | 亠 | 亠 | 玄 | 畜 | 畜 | 畜 |

- **音** ちく

---

85) 伴(짝 반), 判(판가름할 판)

86) 蓄(쌓을 축)은 「풀(艹)+畜(가축 축)」의 형성문자로 겨울에 가축(畜)에게 풀
(艹)을 먹이려고 「쌓아 두다 · 저축하다」의 뜻이다.

87) 玄은 머리(亠) 아래에 아주 작은(幺) 것이 잘 보이지 않기 때문에 「어둡다. 검
다」는 뜻이다.

畜産(축산/ちくさん) : 가축을 기르는 산업.

畜生(ちくしょう) : (사람을 욕할 때 쓰는 말) 개새끼.

▷ **畳** 첩; 총12획; 당용한자

- **字源** 畳은 疊{3개의 田+宜(형편이 좋을 의, 마땅할 의)}의 약자이다. 밭(田) 세 개가 좋게(宜) 겹쳐 있다는 것에서 「겹치다」는 뜻이다. 일본에서는 속에 짚을 넣은 돗자리를 「たたみ」라고 한다.

- **筆順** | 𠕁 田 畏 畳 畳 畳

- **音** じょう

    畳語(첩어/じょうご) : 같은 단어를 겹친 복합어.

- **訓** ① たたみ : (명) 다다미. ② たたム : (타5) 접다.

【田部가 아닌 한자】

▶ **奮** 떨칠 분; 大 -총16획; 교육한자 6학년

- **字源** 「大+隹(새 추;꽁지가 짧은 새의 총칭)+田(밭 전)=奮」의 회의문자로 큰(大) 새(隹)가 논밭(田)에서 먹이를 찾으려고 몹시 「분발하다」는 뜻이다.

- **筆順** 大 𡗗 卒 奄 奮 奮

- **音** ふん

奮起(분기/ふんき) : 분발하여 일어남.

奮発(분발/ふんぱつ) : 마음을 돋우어 기운을 냄,

・訓　　ふるウ : (자5) 분발하다.

11 皮部

【부수이야기】

갑골문자를 보면 머리, 몸통, 꼬리가 있는 동물을 매달아 놓고 손으로 껍질을 벗기고 있는 모습을 그린 회의문자로 당용한자 皮部에는 皮 1자뿐이다. 그러나 皮가 들어가는 한자는 많다. 音을 두 분류로 나누어 보면 피(ひ)로 발음하는 한자 「彼・披・被・疲」와 파(は)로 발음하는 「波・破・婆」가 있다.

【부수한자】

▷ 皮　가죽 피; 총5획; 교육한자 3학년

・筆順　｜ 厂 广 皮 皮

・音　　ひ

- 皮膚(피부/ひふ) : 몸 표면을 싸고 있는 외피.
- 皮革(피혁/ひかく) : 짐승의 겉가죽의 털을 뽑고 가공한 것.
- 脱皮(탈피/だっぴ) : 낡은 사고방식을 버리고 새로운 사고방식으로 나아가는 일.

・訓　　かわ : (명) 가죽 · 모피 · 껍질 따위.

【皮를 기본자로 하는 한자】

① 音　　(ひ/피){彼 · 被 · 疲 · 披}

▶ 彼　저 피; 彳 -총8획; 당용한자

・字源　「彳(조금 걸을 척)=行+음부호 皮(가죽 피)」의 형성문자로 자기 몸에서 떨어져 나간(彳=行) 가죽옷(皮)은 자기의 것이 아니고 「그 사람 · 그이(かれ)」의 것이다.

・筆順　　彳　彳　彳　彳　彼　彼

・音　　彼岸(피안/ひがん) : ⓐ 건너편. 저쪽 강가. ＊「〜の火事(かじ) : 먼데에 난 불」 ⓑ 불도에 정진하여 번뇌를 해탈하고 열반에 이르는 일. ⓒ 춘분(春分) · 추분(秋分)의 전후 각 3일간. 또 그 계절.

・訓　　かれ : (대) ⓐ 이야기 상대 이외의 남자를 가리킴. 그 사람. 그이. 그. ⓑ 여성이 남자 애인을 가리키는 말. 그이 ↔ 彼女(かのじょ)

• **난독** 彼方(かなた) : 저기. 저쪽. 저편.

▶ 被 이불 피; 衣 -총10획; 당용한자

• **字源** 옷(ネ=衣) 중에서 가죽(皮)으로 된 옷을 「입다(こうむ
る)」의 뜻이다.

• **筆順** | ネ ネ 衤 衤 衤 被 |

• **音** 被服(피복/ひふく) : 옷. 의복류.

被告(피고/ひこく) : 민사소송에서 소송 당한 사람.

↔原告(원고/げんこく)

被害(피해/ひがい) : 손해를 입음

• **訓** ① こうむル=蒙る : (타5)입다.

*「法衣(ほうい)を〜 : 법의를 입다」

*「被害(ひがい)を〜 : 피해를 입다」

② かぶる : (타5) ⓐ 쓰다. *「帽子(ぼうし)を〜 : 모자
를 쓰다」 ⓑ 뒤집어쓰다. 입다. *「他人(たにん)の罪
(つみ)を〜 : 남의 죄를 뒤집어쓰다」

▶ 疲 지칠 피; 疒 -총10획; 당용한자

• **字源** 「疒(병들어 기댈 녁{역} + 음부호 皮(가죽 피)」의 형성문
자로 병들어 기대어(疒) 있는 모습이 피골이 상접한 가
죽(皮)과 같다는 아주 지쳐 있기 때문이라는 데서 「피곤

하다(つかれる)」의 뜻이다.

- **筆順** | 广 广 疒 疒 疒 疲 |

- **音** 疲労(피로/ひろう) : 여러 가지 일. 운동을 하고 난 뒤의 고달픔.

- **訓** つかレル : (자하1) 피로하다. 몸이나 정신의 힘이 약해 지다.

▶ **披** 나눌 피; 手 –총8획; 상용한자

- **字源** 「扌(손 수)+음부호 皮(가죽 피)」의 형성문자로 손(手= 手)으로 가죽옷(皮)을 연다는 데서 「열다(헤치다)」의 뜻 이다.

- **筆順** | 扌 扌 扩 护 抄 披 |

- **音** 披瀝(피력/ひれき) : 평소 마음에 품은 생각이나 감정을 모 조리 털어놓음. *「胸中を~する : 마음속을 털어놓다」
  - 披露(피로/ひろう) : ⓐ속마음을 털어 놓음. ⓑ일반에 게 널리 알림. *「結婚(けっこん)~宴(えん) : 결혼을 널리 알리는 연회」

② **音** (は/파) {波 · 破 · 婆}

▶ **波** 물결 파; 水–총8획; 교육한자 3학년

- **字源** 「氵(물 수)+ 음부호 皮(가죽 피)」의 형성문자로 물(氵)에
  젖은 동물의 가죽(皮)이 쭈글쭈글한 상태는 꼭 바다의
  「물결(なみ)」과 같다는 뜻이다.

- **筆順** 氵 氵 氿 沪 波 波

- **音**   電波(전파/でんぱ)

  波止場(はとば) : 부두. 선창

- **訓**   なみ : (명) 파도. 물결.

▶ **破** 깨뜨릴 파; 石 -총10획; 교육한자 5학년

- **字源** 「石(돌 석)+음부호 皮(가죽 피)」의 형성문자로 돌(石) 가
  죽(皮)같은 표면이 「깨지다(やぶる)」는 뜻이다.

- **筆順** 石 矼 矴 矷 砕 破

- **音**   -破産(파산/はさん) : 재산을 없앰.

  -破滅(파멸/はめつ) : 멸망함.

  -突破(돌파/とっぱ) : ⓐ무찔러 깨뜨림. ⓑ수량이 일정
  한 기준을 넘음.

  -破壞(파괴/はかい)↔建設(건설)

- **訓**   ① やぶル : (타5) ⓐ 부수다. 깨다. ⓑ 어기다. ⓒ 패배시
  키다. ⓓ 깨뜨리다. 경신하다. *「世界記録(せかいき
  ろく)を〜 : 세계 기록을 깨뜨리다」

  ② やぶレル : (자하1) 형체가 부서지다. 깨어지다.

  *「紙が〜 : 종이가 찢어지다」 *「ガラスが〜 : 유리

가 깨어지다」

▶ **婆** 할미 파; 女 –총11획; 당용한자

- **字源** 「波(물결 파)+음부호 皮(가죽 피)」의 형성문자로 나이
  가 많아서 주름살이 파도(波)처럼 많이 잡힌 여자(女)는
  「할머니(ばばあ)」라는 뜻이다.

- **筆順** | シ ジ 汀 波 婆 婆 |

- **音** ば

  老婆(노파/ろうば) : 늙은 여자. 할머니.

---

12 目部

【부수이야기】

甲骨文字나 金文에서 目는 가운데가 2개의 선이 아니고 거의 원형으로 그려져 있다. 이런 점에서 보면 目은 안구의 형태를 본뜬 상형문자로 대단히 알기 쉬운 한자이다. 부수(部首)로서는 「눈목 변/めへん」이라고 하는데 보는 것과 관계가 있는 한자에 사용한다.

눈은 인간에게 중요한 기관이기 때문에 눈과 관련된 目部의 한자는 많다. 보통 작은 漢和辞典에도 약 120자 정도가 수록되어 있다.

일본 당용한자표에서 目部에는

目盲直相盾省看真眠眼睡督瞬

와 같이 13자가 수록되어 있다.

【부수한자】

目 눈 목; 총5획; 교육한자 1학년

· 筆順   丨 冂 冂 月 目

· 音   もく · ぼく

① 눈.

- 耳目(이목/じもく) · 目前(목전/もくぜん)

② 중요한 부분. 요점.

- 要目(요목/ようもく) : 중요한 항목.

- 眼目(안목/がんもく) : 사물의 진위나 가치를 분별
하는 능력.

③ 눈에 띄게 나눈 소구분.

- 品目(품목/ひんもく) : 물품의 종류나 목록.

- 目次(목차/もくじ) · 目録(목록/もくろく)

④ 보다.

- 目標(목표/もくひょう)

- 目擊(목격/もくげき)

⑤ 우두머리

- 頭目(두목/とうもく) : 수령. 우두머리.

⑥ 체면.

- 面目(면목/めんもく・めんぼく) : 명예. 체면. 용
모. 인상.

＊「面目無(な)い : 체면이 안서다(볼 낯이 없다).」

- **訓**　め : (명) 눈.

- **훈독숙어**　目眩(めまい) : 현기증.

目印め(じるし) : 발견하기 위한 표시.

目処(めど) : (장래의) 목표.

境目(さかいめ) : 갈림길. 경계. 경계선.

▷ **眠** 잠잘 면; 총10획; 당용한자

- **字源**　「目(눈 목)+民(백성 민)」의 형성문자로 눈(目)을 감고 백
성(民)들이 「졸리다 · 잠자다(ねむる)」는 뜻이다.

- **筆順**　| 目 目⁻ 目⁻ 眠 眠 眠 |

- **音**　みん

催眠(최면/さいみん) : 잠을 자게 함.

- **訓**　ねむル : (자5) 잠이 들다. 자다.

▷ **睡** 잘 수; 총13획; 당용한자

- **字源** 「目(눈 목)+垂(드리울 수)」의 형성문자로 눈꺼풀(目)을 아래로 드리운다(垂)는 것은 「졸리다·잠자다(ねむる)」는 뜻이다.

- **筆順** | 目　目　目　目　目　睡 |

- **音** すい

  睡眠(수면/すいみん) : 잠을 잠.

⑬ 米部

【부수이야기】

| 朱-米-米 | 稲(벼 도;いね)의 열매를 탈곡한 粒(알 립{입}; こめつぶ)을 말하는데 사방(四方)으로 작은 쌀 |

알이 흩어져 있는 모습을 본뜬 상형문자이다. 부수(部首)로서는 「쌀미 변/こめへん」이라고 하는데, 곡식이나 음식과 관련된 것으로 가루, 쌀을 가공해서 만든 음식물 등을 나타내는 한자에 사용한다.

일본 당용한자표에서 米部에는

　　米粉粒粗粘粧粋精糖糧

와 같이 10자가 수록되어 있다.

이외에도 쌀이 아닌 곡물에도 예를 들면

粟(조 속; 米-총12획; 상용한자이외한자; あわ)[88]

와 같이 붙는다는 점에 주의해야 겠다.

【부수한자】

米 쌀미; 총6획; 교육한자 2학년

- **筆順**　`丶丷丷半米米`
- **音**　① まい・べい
  - 玄米(현미/げんまい) : 벼의 껍질만 벗긴 누런 쌀.
    ↔白米(백미/はくまい)
  - 精米(정미/せいまい) : 현미(玄米)를 찧어서 희게 한 쌀.
  - 新米(신미/しんまい) : 올해 수확한 쌀.
  - 米作(미작/べいさく) : 벼농사.
  - 米寿(미수/べいじゅ) : 米자를 분해하면「八十八」 이 되기 때문에 88세를 축하하는 말.
  - ② べい : 美(미국)의 대용. * 일본어에서 특별한 뜻
    - 米国(미국/べいこく) : 아메리카(America)

---

88) 비슷한 한자 栗(밤나무 률{율}; 木-총10획;くり)

- 欧米(구미/おうべい) : 유럽과 미국.

- 渡米(도미/とべい) : 미국으로 건너감.

- **訓**　① こめ : (명) 쌀.

　　　② メートル : (명) 미터(길이의 단위).

- **훈독숙어**　米粒(こめつぶ) : 쌀알.

▷ **粉**　가루 분; 총10획; 교육한자 4학년

- **字源**　「米(쌀 미)+分(나눌 분)」의 형성문자로 쌀(米)을 잘게 나누어(分) 부순 「가루(こな)」를 뜻한다.

- **筆順**　┌──────────────────┐
　　　ソ　ソ　米　米ヽ　粉　粉
　　　└──────────────────┘

- **音**　ふん

　　　粉末(분말/ふんまつ) : 가루.

- **訓**　こ・こな : (명) 가루.

▷ **糧**　양식 량[양]; 총18획; 당용한자

- **字源**　「米(쌀 미)+量(헤아릴 량[양])」의 형성문자로 쌀(米)을 먹을 만큼 헤아려서(量) 들여놓은 「양식(かて)」을 뜻한다.

- **筆順**　┌──────────────────┐
　　　米　米⌐　米ⲫ　糧　糧　糧
　　　└──────────────────┘

- **音**　りょう

　　　糧食(양식/りょうしょく) : 식량.

・訓   かて : (명) 양식.

⑭ 耳部

【부수이야기】

耳는 사람의 귀를 본뜬 알기 쉬운 상형문자이다. 부수(部首)로서는 「귀이 변/みみへん」이라고 하는데, 귀의 상태나 형태에 관한 한자가 수록되어 있다.

일본 당용한자표에서 耳部에는

耳聖聞声職聴

와 같이 6자가 수록되어 있다. 여기서 耳라는 한자가 없는데도 耳部에 들어있는 声는 원래 聲의 약자이기 때문이다. 聲(소리 성; せい)은 磬(경쇠 경; ケイ)라는 한자에서 石 대신에 耳를 넣은 한자이다. 磬(경)이란 돌(石)로 만든 타악기로 나뭇가지 등에 매달아서 막대기로 두드리는 것에 의해서 나는 소리가 귀에 들리기 때문에 聲으로 표시했다. 그런데 일본에서는 1945년 이후 약자를 만들 때 聲의 左上部만 채택해서 声라는 한자로 사용하였기 때문에 이 한자의 가장 중요한 부분인 耳의 부분 없는 것이다.

일상생활에서 많이 사용하는 耳가 붙은 恥(부끄러워할 치; 心-총10획; 당용한자)와 取(취할 취; 又-총8획; 교육한자 3학년)는 耳部에 수록되어있지 않다. 恥는 心部에 取는 又部에 수록되어 있다.

取=耳+又(오른손 우)

위 한자는 전투에서 죽인 적의 귀(耳)를 잘라낸 것을 오른손(又)에 가지고 있다는 회의문자이다. 옛날에는 전쟁터에서 戰功에 대한 포상 은 잘라낸 사람 귀의 수로 계산했다. 그래서 귀(耳)보다 귀를 손에 쥐 고 있는 것에 더 중점을 두어 이 한자는 耳部가 아니고 又部에 수록한 것이 아닌가 싶다.

일본에서 한자검정시험이나 중학 입시시험에서 聞(들을 문; 耳-총 14획; 교육한자 2학년)이라는 한자가 어떤 부수에 수록되어있는지 묻 는 문제가 출제되었는데 이 한자와 問(물을 문; 口-총11획)은 門(も んがまえ)라는 門部[89]에 수록되어 있지 않다. 聞은 耳部에 問은 口 部에 수록되어 있다. 門과 '어떤 한자'와 합친 한자 중에서 한국어로 「문」이라고 읽는 한자의 부수는 '어떤 한자'의 부수에 따른다.

聖(성스러울 성; 耳-총13획; 교육한자 6학년)은 약자로 원래는 아 래 부분이 王이 아니고 壬이었다.

聖(성스러울 성)=耳(귀 이)+口(입 구)+壬(맡을 임)

聖人이란 덕과 지혜가 뛰어나고 사리에 정통하기 때문에 귀(耳)로 남이 말하는 것(口)을 잘 듣고 맡아서(壬) 일을 잘 처리하는 사람으로

---

89) 당용한자표에서 門閉開閑間閣閥閱関

모든 사람이 우러러 받들고 모든 사람의 스승이 될 만한 사람이라는 뜻이다. 聖人이라는 뜻인 聖을 일본어 훈독으로 「ひじり」라고 하는데 원래는 「火知り」, 즉 신(神)에게 바치는 신성한 불(火)을 지배하고 관리하는 종교자로 신의 세계에 관계할 수 있는 사람이라는 뜻이다. 크리스마스를 중국어로 聖誕節이라고 말한다는 것은 그 날이 예수의 성스러운(聖) 誕生日이기 때문일 것이다.

사람의 귀와 닮은 버섯을 木耳(きくらげ)라고 말한다.

【부수한자】

耳 귀 이; 총6획; 교육한자 1학년

- **筆順** 一　丁　下　E　耳
- **音** じ
  - 中耳炎(중이염/ちゅうじえん)
  - 耳鼻咽喉科(이비인후과/じびいんこうか)
  - 馬耳東風(마이동풍/ばじとうふう) : 말의 귀에 동풍이 불어도 말은 아랑곳하지 않는다는 뜻으로, 남의 말에 귀를 기울이지 않고 그냥 지나쳐 흘려버림을 이르는 말이다.
- **訓** みみ : (명) 귀.
- **훈독숙어** 初耳(はつみみ) : 처음 들음.

職⁹⁰⁾ 벼슬 직; 총18획; 교육한자 5학년

- **字源** 「耳(귀 이)+音(소리 음)+戈(창 과)」의 형성문자이다. 이
  한자는 단지 耳가 들어가 있다고 이비인후과의 의사나
  귀걸이와 관련된 직업에 붙는 한자가 아니다.「담당하다,
  관리하다」는「つかさどる」라는 뜻이다. 그래서 職業이라
  는 뜻이 나온 것이다. 우리가 직업의식을 가지고 직장생
  활을 하려면 우선 남의 말에 귀를 기울여 듣는 귀(耳; 귀
  이/みみ)가 있어야 하고 그 다음에 자기의 주장이나 의
  견을 말할 수 있는 음색(音; 소리 음/おと)이 있어야 하
  고 그 다음에 직장생활을 충분히 수행하기 위해서 외국
  어 능력이라든지 자기의 무기(戈; 창 과/ほこ)가 있어야
  된다는 말이다.

- **筆順**　耳　耶　耶－睹　職　職

- **音**　しょく

  職場(직장/しょくば) : 보수를 받으며 일을 하는 곳.

聴 들을 청; 총17획; 당용한자

- **字源**　聴은 聽의 약자로 聽은 「耳+壬(아첨할 임)+悳(悳)⁹¹⁾(큰

---

90) 識(알 식; 言-총19획; 교육한자 5학년)
　　織(짤 직; 糸-총18획; 교육한자 5학년)
91) 悳(悳)=德(큰 덕) * 直(곧을, 바른 행위 직)

덕)+心(마음 심)」의 회의문자로 귀(耳)는 간사한 소리
(壬)보다 덕(悳)이 있는 소리를 들어야 한다는 데서 「듣
다(きく)」는 뜻이다.

- **筆順**

- **音** ちょう

  - 聴衆(청중/ちょうしゅう) : 강연이나 설교, 음악 등
    을 듣는 무리

- **訓** きク : (타5) 듣다.

⓯ 肉部

【부수이야기】

갑골문자의 肉이라는 한자는 제사를 지낼 때 제
단에 제물로 바친 잘라낸 고깃덩이를 본뜬 상형
문자이다. 이것이 단독으로 사용할 때는 肉라고 표기하지만 인체와
관계되는 한자나 동물의 각 부분의 명칭과 모양 등을 나타내는 한자
에는 「月」을 붙이고 달월(月) 변과 모양은 같으나 뜻을 구분하여 「고
기육 변, 살육 변/にくへん」라고 한다. 肉를 나타내는 月에 있는 가로
두 줄은 고기에 있는 핏줄을 나타내는 것이다. 고대에서는 제사를 지
낼 때는 반드시 제단에 고기를 바쳤기 때문에 祭[92](제사 제)라는 한자
의 구성요소가 되어 있는 것이다. 원래 제사를 지낸다는 한자는 祭의

---

92) 祭의 상부는 「月+又(오른손 우)」로 고기(肉=月)를 오른손(又)에 쥔 형태이다.

상부인 癶로만으로 되어 있었지만 후에 고기를 탁자(示) 위에 올렸기에 지금의 祭가 된 것이다.

일본 당용한자표에서 肉部에는

肉肖肝肥肩肪肯育肺胃背胎胞胴胸能脂脅脈脚脱脹腐腕脳腰腸腹膚膜膨胆臓

와 같이 33자가 수록되어 있다.

【부수한자】

> 肉　고기 육; 총6획; 교육한자 2학년

- 筆順　｜ 冂 內 內 肉 肉
- 音　にく
  ① 동물의 살.
    - 筋肉(근육/きんにく)·肉食(육식/にくしょく)
    - 肉類(육류/にくるい) : 사람이 먹을 수 있는 짐승의 고기 종류.
    - 牛肉(우육/ぎゅうにく) : 쇠고기.
    - 酒池肉林(주지육림/しゅちにくりん) : 술이나 고기가 풍부하고, 극도로 호사한 주연.
  ② 인간의 산 몸뚱이.
    - 肉体(육체/にくたい)·肉感(육감/にっかん)

- 肉親(육친/にくしん) : 친자 · 형제 등 혈육 관계.

③ 기계 · 기구에 의하지 않고 그 사람 자신에게 갖춰져
있는 그대로의 것.

- 肉眼(육안/にくがん) · 肉声(육성/にくせい)

④ 두툼하고 부드러운 것.

- 果肉(과육/かにく) : 과일의 살.

- 印肉(인육/いんにく) : 인주. 도장을 찍을 때 쓰는
색료(色料).

- 朱肉(しゅにく) : 인주(도장밥).

脈[93) 혈맥 맥; 총10획; 교육한자 4학년

- **字源** 「月=肉(고기 육)+厂(기슭 엄)+氏(뿌리 씨)」의 회의 · 형
성문자로 몸(月=肉)에서 기슭(厂) 아래로 뻗은 나무뿌리
(氏)와 같은 곳은 「혈관」이라는 것이다.

- **筆順** 月 𦜝 𦝃 𦝤 脈 脈

- **音** みゃく

---

93) ▶派(물갈래 파; 水-총9획; 교육한자 6학년)
　【音】は · ぱ
　「氵=水(물 수)+厂(기슭 엄)+氏(뿌리 씨)」의 회의 · 형성문자로 몸(月=肉)에
　서 기슭(厂) 아래로 뻗은 나무뿌리(氏)와 같이 갈라져 흘러간다는 데서 「물갈
　래」, 나아가 「파벌(派閥)」이라는 뜻으로 사용한다.
　＊派遣(파견/はけん) · 派兵(파병/はへい)
　＊派閥(파벌/はばつ) · 派生(파생/はせい)
　＊立派(りっぱ) : (형동ダ) 훌륭함.

- 脈拍(맥박/みゃくはく) : 심장 박동에 의해 생기는 동
맥벽의 주기적인 진동.

腸　창자 장; 총13획; 교육한자 4학년

- **字源**　「月=肉(고기 육)+昜(볕 양)[94]」의 형성문자로 몸(月=肉)
에 햇살(昜)처럼 넓게 퍼져 있는 것은 「창자(ちょう)」라
는 것이다.

- **筆順**　| 月　胆　胛　胛　腸　腸 |

- **音**　ちょう

　　　大腸(대장/だいちょう)・胃腸(위장/いちょう)

　　　腸炎(장염/ちょうえん)・盲腸(맹장/もうちょう)

肥　살찔 비; 총8획; 교육한자 5학년

- **字源**　「月=肉(고기 육)+巴(뱀 파 : 뱀이 앉은 모습)」의 회의문
자로 몸(月=肉)은 뱀(巴)이 먹이를 먹은 모양으로 배가
불룩하다는 데서 「살찌다(こえる)」라는 뜻이다.

- **筆順**　| 刀　月　月ㄱ　月ㄲ　月ㄲ　肥 |

- **音**　ひ・ぴ

　　　肥満(비만/ひまん) : 살이 쪄서 몸이 뚱뚱함.

---

94) 「旦(아침 단; 지평선(一)에 해(日)가 떠오르는 「아침」을 뜻한다.)+勿(말 물;
햇빛이 비치는 모습)」의 구조 아침(旦)에 내리쬐는(勿) 「햇살」을 뜻한다.

原肥(げんぴ) : 밑거름.

- 訓　こエル : (자하1) ⓐ 살이 찌다. ⓑ 땅이 비옥하다.

肺　허파 폐; 총8획; 교육한자 6학년

- 字源　「月=肉(고기 육)+市(시장 시)」의 형성문자로 인체의 부분(月=肉)에서 시장(市)처럼 바쁜 곳은 「폐(はい)」라는 것이다.

- 筆順　| 刀 月 月' 犴 肺 肺 肺 |

- 音　はい

　　肺炎(폐렴/はいえん) : 폐장의 염증.

脳⁹⁵⁾　뇌 뇌; 총13획; 교육한자 6학년

- 字源　「月=肉(고기 육)+ `` (털)+囟(머리)」의 형성문자로 인체의 부분(月=肉)에서 머리(囟)에 털( ``)이 난 부분은 「뇌(のう)」라는 것이다.

- 筆順　| 忄 忄'' 忄'' 忄乂 悩 悩 |

- 音　のう

---

95) ▶悩(괴로워할 뇌; 心-총10획; 당용한자)
　　【音】のう【訓】なやム : (자5) 괴로워하다. 고민하다.
　　「忄=心(마음 심)+ `` (털)+囟(머리)」의 형성문자로 마음(忄)을 너무 쓰면 머리(囟)에 난 털( ``)이 「고통을 받다(なやむ)」는 뜻이다.
　　＊苦悩(고뇌/くのう)・煩悩(번뇌/ぼんのう)

脳裏(뇌리/のうり)・頭脳(두뇌/ずのう)

16 虫部

【부수이야기】

「현재 일본에서 虫은 蟲의 약자로 사용하고 있지만 원래는 蟲과 虫은 다른 한자이다. 일본인이 벌레(むし)라는 뜻으로 사용하는 虫은 원래는 벌레의 뜻이 아니고, 독사의 한 종류인 머리가 큰 살무사를 본뜬 상형문자이다. 蟲은 虫을 3개 짜 맞춘 한자로 여러 종류의 작은 동물을 나타내는 것에서 「むし」라는 뜻으로 사용하게 되었는데 이것이 현재는 약자로 虫을 사용하고 있다.

大漢和辞典에서 虫部에는

虻(등에 맹; 虫-총9획; 상용한자이외한자; あぶ)
蚊(모기 문; 虫-총10획; 당용한자; か)
蠅(승; 虫-총15획; 상용한자이외한자; はえ)

와 같은 곤충류만이 아니고, 상용한자이외한자로

蛤(대합조개 합; 虫-총12획; はまぐり)
蛸(문어 소; 虫-총13획; たこ)
蝦(새우 하; 虫-총15획; えび)

와 같은 수중 작은 동물에도 사용하고 있고,

蜥蜴(とかげ)

와 같이 도마뱀과 같은 파충류에도 붙는다.

앞에서 본 蠅에 접속되어 있는 黽(맹꽁이 민)은 개구리의 한 종류인 맹꽁이를 나타내는 한자인데『説文解字』에 의하면 다른 한자와 결합하면 개구리 이외의 동물을 나타내는 한자로 둥글고 큰 동물에 붙는다고 한다. 상용한자이외한자에서 보면 敖(놀 오)와 결합하면 鰲(자라 오; 黽–총24획; すっぽん)가 되고 敝(해질 폐)와 결합하면 鱉(자라 별; 黽–총25획; すっぽん)이 되고, 単(홑 단)과 결합하면 鼉(악어 타; 黽–총25획; わに)가 된다. 그런데 虫과 결합하여 파리와 같은 작은 벌레를 나타낸다. 그것은 파리는 작지만 배가 개구리같이 이상하게 불룩하게 튀어나와 있기 때문인 것 같다.

일본 당용한자표에서 虫部에는

蚊融虫蚕蛮

와 같이 5자가 수록되어 있다.

【부수한자】

▷ **虫** 벌레 충; 총6획; 교육한자 1학년

- **筆順** 〔 丨 口 口 中 虫 虫 〕

- **音** ちゅう

  - 害虫(해충/がいちゅう) : 작물 등에 해를 입히는 곤충의 총칭.

  - 幼虫(유충/ようちゅう) : 애벌레.

  - 昆虫(곤충/こんちゅう)

  - 殺虫剤(살충제/さっちゅうざい)

- **訓** むし : (명) 벌레. 곤충.

- **훈독숙어** 弱虫(よわむし) : 겁쟁이.

  虫眼鏡(むしめがね) : 확대경. 돋보기.

▷ **融** 녹일 융, 화할 융; 총16획; 당용한자

- **字源** 「鬲(솥 격)+虫(벌레 충)」의 회의문자로 솥(鬲) 안에 벌레(虫)를 넣고 「용해시키다」는 뜻이다.

- **筆順** 〔 口 鬲 鬲 鬲 融 融 〕

- **音** 融資(융자/ゆうし) · 融通(융통/ゆうずう)

  融合(융합/ゆうごう) · 融和(융화/ゆうわ)

- **訓** とカス : (타5) 녹이다. 용해시키다.

17 衣部

【부수이야기】

사람이 저고리를 입고 있는 모양을 본뜬 상형문자이다. 아랫도리의 겉옷인 치마는 裳(치마 상)이라고 한다. 부수(部首)로서 사용할 때는 「衤」로 「옷의 변/ころもへん」이라고 하는데, 옷의 종류, 성질, 또는 옷감의 재질 등과 관련된 뜻을 나타내는 한자에 사용한다.

일본 당용한자표에서 衣部에는

衣表衰衷袋被裁裂裏裕補裝裸製複襲

와 같이 16자가 수록되어 있다. 여기서 衣(옷 의)를 상하로 분해해서 그 사이에 한 자를 넣은 자는 「衰衷裏」가 있다.

【부수한자】

▷ 衣 옷 의; 총6획; 교육한자 4학년

- 筆順 ` 亠 𠂇 𠂇 衣 衣

- 音 い

  - 衣服(의복/いふく) : 옷.
  - 衣装(いしょう) : 의상. 의복. * 한국은 衣裳(의상)

- 衣食住(의식주/いしょくじゅう) : 옷과 음식 및 주거
    (住居).
- 脱衣(탈의/だつい) : 옷을 벗음

- **訓**　ころも・きぬ : (명) 옷. 의복.
- **훈독숙어**　羽衣(우의/はごろも) : 날개옷(선녀가 입고 하늘을
    나는 옷).

複　겹칠 복; 총14획; 교육한자 5학년

- **字源**　「ネ=衣(옷 의)+复(거듭 복)[96]」의 형성문자로 옷(ネ)이 거
    듭되다(复)는 것은 안감을 넣어서 만든 「겹옷」을 말한다.

- **筆順**　ネ 衤 衤 衤 複 複

- **音**　ふく
    - 複写(복사/ふくしゃ) : 다시 베끼는 것.
    - 複雑(복잡/ふくざつ) : 뒤섞여 어수선함.

【复을 기본자로 하는 한자가족】

復　다시 부[돌아올 복]; 彳 -총12획; 교육한자 5학년

- **字源**　「彳=行(갈 행)+复(거듭 복)」의 형성문자로 길을 거듭

---

[96] 사람(亻)은 해(日)가 갈수록 이제까지 걸어 다녔던 발(夂)걸음 수는 「거듭하
다」에서 「거듭」의 뜻이다. ＊실제로 사용하는 한자는 아님.

(复) 간다(彳)는 것은 「다시」 또는 본디 상태로 「되돌아 오다」는 뜻이다.

- **筆順** | 彳 彳 彳 徂 復 復 |

- **音** ふく

① 왔던 길을 되돌아온다.

- 往復(왕복/おうふく) : 감과 되돌아옴. ↔片道(편 도/かたみち)

② 원래의 위치 · 상태로 되돌아온다.

- 復活(부활/ふっかつ) : 죽었던 사람이 다시 살아남.

- 復職(복직/ふくしょく) : 원래의 직업에 돌아옴.

- 回復(회복/かいふく) : 나빠졌던 것이 원상태로 되 돌아옴.

③ 보복을 하다.

- 報復(보복/ほうふく) : 보복. 앙갚음.

④ 한 번 더 하다. 되풀이하다.

- 復習(복습/ふくしゅう) : 배운 것을 되풀이하여 다 시 공부함.

- 反復(반복/はんぷく) : 되풀이함.

▶ **腹** 배 복; 肉 -총13획; 교육한자 6학년

- **字源** 「月=肉(고기 육)+复(갈 복)」의 형성문자로 몸(月=肉) 속 에 창자 등의 장기를 거듭(复) 감싸고 있는 부분이 「배

(はら)」라는 뜻이다.

- **筆順**

- **音** ふく

  ① 가슴 아래 위, 장 등의 내장이 있는 부분. 배(はら)

  　- 腹痛(복통/ふくつう・はらいた) : 배가 아픔.

  　- 空腹(공복/くうふく・すきばら) : 배고픔.

  ② 마음 속

  　- 腹案(복안/ふくあん) : 마음에 먹은 생각. 아직 발

  　　표하지 않은 구상.

  ③ 물체의 중간 정도에 부풀어 있는 부분.

  　- 山腹(산복/さんぷく) : 산의 중턱. 산허리＝中腹

  　　(중복/ちゅうふく)

- **訓** はら(명) : 배

▶ **覆** 뒤집힐 복; 襾 –총18획; 당용한자

- **字源** 「襾＝襾(덮을 아)＋復(돌아올 복)」의 형성문자로 강풍 때
  문에 덮어(襾) 놓은 것이 다시(復) 「뒤집히다」라는 뜻이
  다.

- **筆順**

- **音** ふく

  ① 덮다(おおう)

  　覆面(복면/ふくめん) : 얼굴을 천 따위로 싸서 가림.

② 뒤집히다(くつがえる)

転覆(전복/てんぷく) : 뒤집힘. 뒤집음.

*「船(ふね)が～する : 배가 뒤집히다」

・訓　① おおウ=[被う] : (타5) ⓐ 덮다. ⓑ 싸서 감추다.

*「失敗(しっぱい)を～ : 실패를 싸서 감추다」

② くつがえス : (타5) 뒤집다.

*「船(ふね)を～ : 배를 뒤엎다」

*「政権(せいけん)を～ : 정권을 뒤엎다」

裏 속 리{이}; 총13획; 교육한자 6학년

・字源　衣(옷 의)를 상하로 분해해서 그 사이에 里(마을 리)를 끼워 넣은 형성문자이다. 옷(衣)을 입을 때 시골(里) 사람들은 속옷을 많이 다시 겹쳐 입는다는 데서 「속・안 (うら)」이라는 뜻이다.

・筆順　　亠 畗 宙 重 曺 裏

・音　　り

- 裏面(이면/りめん) : 뒷면. 내면.

- 脳裏(뇌리/のうり) : 머릿속.

・訓　　うら : (명) 뒷면. 이면.

衰 쇠할 쇠; 총10획; 당용한자

- **字源**　哀(슬플 애; 口−총9획)에 一(한 일)을 첨가한 자로 슬프게 되다는 지사문자이다. 즉 슬프게 되다는 것은 즉 늙어「쇠약해지다(おとろえる)」는 뜻이다.

- **筆順**　　广　产　卒　卒　袁　衰

- **音**　　　すい

　　　　　衰弱(쇠약/すいじゃく)

- **訓**　　　おとろエル : (자하1) 쇠약해지다. 쇠퇴하다.

▷ **衷**　속마음 충; 총10획; 당용한자

- **字源**　衣(옷 의) 안에 中(가운데 중)을 넣은 회의문자로 옷(衣) 속(中)이라는 것은「속마음(心の中)」이라는 뜻이다.

- **筆順**　　广　声　卒　卖　衷　衷

- **音**　　　ちゅう

　　　　　衷心(충심/ちゅうしん) · 折衷(절충/せっちゅう)

▷ **裸**　벌거벗을 라{나}; 총13획; 당용한자

- **字源**　「衤=衣(옷 의)+果(실과 과, 결과 과)」의 형성문자로 옷(衤)을 벗고 난 결과(果)의 모습은「벌거숭이(はだか)」라는 뜻이다.

- **筆順**　　衤　衵　袒　裸　裸　裸

- **音**　　　ら

裸体(나체/らたい) : 알몸. 벌거숭이.

- **訓**　はだか(명) : 알몸. 벌거숭이.

褒　기릴 포; 총15획; 상용한자

- **字源**　衣(옷 의) 안에 保(보호할 보)을 넣은 회의문자로 중요한 것을 옷(衣) 안에 잘 넣고 보호(保)한다는 데서 「칭찬하다 · 기리다(ほめる)」의 뜻이다.
- **筆順**　| 亠　宀　疒　褒　褒　褒 |
- **音**　ほ

　　　褒賞(포상/ほうしょう) : 칭찬하고 장려하여 상을 줌.
- **訓**　ほメル : (타하1) 칭찬하다.

褻　더러울 설; 총17획; 상용한자이외한자

- **字源**　衣(옷 의) 안에 執(잡을 집)을 넣은 형성문자이다. 옷(衣) 안에 손을 넣어 잡다(執)는 것은 「음란하고 난잡하다」는 뜻이다.
- **音**　せつ

　　　猥褻(외설/わいせつ) : 성적으로 음란하고 난잡함.

【衣部에 속하지 않는 한자】

依 의지할 의; 人-총8획; 당용한자

- **字源** 「イ=人(사람 인)+衣(옷 의)」의 형성문자로 사람(イ)은 옷(衣)을 입어 몸을 보호하여 「의지하다(よる)」는 뜻이다.

- **筆順** イ 仁 伫 依 依 依

- **音** い

  依賴(의뢰/いらい) : 남에게 부탁함.

  依存(의존/いそん) : 의지하고 삶.

- **訓** よル : (자5) 의존하다.

- **난독** 浴衣(ゆかた) : 목욕 후에 입는 홑옷.

喪 죽을 상; 口-총12획; 당용한자

- **字源** 이 한자의 아래 부분은 衣에서 丿가 없다. 이 자는 위에는 흙 토(土)에 울 곡(哭)의 윗부분을 합치고 그리고 아래는 등을 돌리고 앉아 있는 모습이다. 전체적으로 보면 흙 토(土=무덤) 앞에서 등을 돌리고(아래 부분) 죽은 사람을 애타게 운다(哭의 윗부분)는 뜻이다.

- **筆順** 十 吐 吐 坽 乺 喪

- **音** そう

  喪服(상복/もふく) : 상중에 상제가 입는 예복.

- **訓** も : (명) 상(친족이 죽었을 때, 그를 추도하기 위하여 일

정한 기간 동안 활동을 자제하고 몸가짐을 삼가는 일).

18 豆部

【부수이야기】

음식물을 담는 青銅으로 만든 道具를 본뜬 상형문자로, 후에 콩이란 뜻으로 전용되었는데 부수(部首)로서는 「콩두 변/まめへん」이라고 한다. 고대 중국에서 青銅器란 기본적으로 왕이나 귀족들이 선조에 대해서 제사를 드릴 때 사용하는 제기(祭器)이었지만, 청동기에는 조리도구(調理器具), 식품을 담는 용기, 물이나 술을 담는 용기, 악기 등 그 종류는 다양했다. 그런 다양한 청동기 중에서 식품을 담는 용기 중에 바닥이 얕은 접시 같은 것에 긴 발을 붙이고 그 위에 받침대가 있는 용기가 있는데, 이것을 일본에서는 高坏(たかつき)라고 말하는 것을 중국에서 이것을 본뜬 상형문자로 豆라고 말했다. 이 한자가 후세에는 콩(マメ)이라는 식물이름으로 사용하게 된 것은 중국에서 식물을 넣는 용기와 식물이름 콩의 발음이 같았기 때문에 식물을 넣는 용기의 한자를 빌려서 식물이름인 콩을 나타내는 문자로서 사용되었다.

따라서 漢和辞典 豆部에는 한 번도 본적이 없는 콩과 관련된 한자 豉(메주 시), 䜴(메주 시), 毹(콩 이름 유), 䜺(메주 음), 藒(들콩 로) 등 많이 있겠지만 현재는 豆 이외는 거의 사용하지 않는다.

일본 당용한자표에서 豆部에는 豆 이외는 겨우 1자 豊만 수록되어
있다.

【부수한자】

> **豆** 콩 두; 총7획; 교육한자 3학년

- **筆順** 一 丆 一 豆 豆 豆
- **音** とう・ず
  ① とう
  　豆腐(두부/とうふ)
  　納豆(なっとう) : 삶은 콩을 발효한 식품. 청국장.
  ② ず
  　大豆(대두/だいず) : 콩.
- **訓** まめ : (명) 콩.
- **훈독숙어** - 枝豆(えだまめ) : 가지에 달린 덜 익은 콩. 풋콩
  　　　　　- 豆粒(まめつぶ) : 콩알(극히 작은 것의 비유로 쓰
  　　　　　이는 말).
  　　　　　- 煮豆(にまめ) : 콩자반(콩을 설탕과 간장 등으로
  　　　　　끓여서 졸인 것).

> **豊** 풍성할 풍[굽 높은 그릇 례]; 총13획; 교육한자 5학년

- **字源** 「曲(굽을 곡)+豆(제기 두)」의 상형문자로 그릇(豆)에 많은 음식이 담긴 모습을 본뜬 글자로 제사 음식이「풍성하다」는 뜻이다.

- **筆順**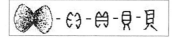

- **音** ほう

  豊富(풍부/ほうふ)・豊作(풍작/ほうさく)

- **訓** ゆたカ : (형동ダ) 풍부함. 풍족함.

⑲ 貝部

【부수이야기】

 조개의 모양을 본뜬 상형문자이다. 부수(部首)로서「조개패 변/かいへん」라고 한다. 고대 사람들이 모여 살았던 곳에서 貝塚이 발견된 것 같이 조개는 고대인에게 가장 중요한 食料資源뿐만 아니라 재산의 상징이었다. 그래서 돈, 재물, 귀중품, 지위, 신분 등에 관계되는 한자에 사용하게 되었다.

고대 조개가 권력과 재산의 상징으로 소중히 여겨졌다고 어떤 조개라도 전부 그렇다는 것은 아니다. 강이나 바다에서 누구나 쉽게 주울 수 있는 재첩이라든지 바지락이라든지 그런 조개가 만약 재산의 상징이 된다면 누구라도 부자가 될 수가 있을 것이다. 재산의 상징으로 사

용된 조개는 그렇게 쉽게 간단히 손에 넣을 수 없는 그런 종류의 조개
가 아니다.

여기서 조개란 子安貝를 말하는 것이고 이 한자도 子安貝를 본뜬
상형문자이다.

子安貝는 주로 따뜻한 지역의 바다에서 채취할 수가 있는데 도자기
처럼 광택이 있는 매끄러운 표면에 얼룩이 나 있다. 형태는 계란처럼
둥그스름하면서 女性器와 닮아 있기 때문에 아기 출산할 때 꽉 쥐고
있으면 순산이 된다고 부적으로 많이 사용되었다. 이외에 화폐로 사
용하거나 장신구나 의례적인 용도로 사용했다. 지구상에 약 230종정
도가 되는데 일본 근해에서는 약 90종이 있다. 일본에서는 子安貝를
宝貝(タカラガイ)라고도 말한다. 아프리카 여러 나라에서 수세기 동
안 화폐로서 사용되었고, 가장 오래된 貝貨는 중국 殷王朝 시대의 것
이다.

일본 당용한자표에서 貝部에는

貝貞負財貢貧貨販貫責貯弐貴買貸費貿賀賃賄資賊賓賜賞賠賢
売賦質頼購贈賛

와 같이 34자가 수록되어 있다.

【부수한자】

 貝 조개 패; 총7획; 교육한자 2학년

- **筆順** ｜ 冂 冃 目 貝 貝
- **音** ばい(常用外)
- **訓** かい : (명) 조개.
- **훈독숙어** 貝塚(패총/かいづか) : 조개무지.

  貝殻(패각/かいがら) : 조가비.

  真珠貝(しんじゅがい) : 진주조개.

▷ **貯** 쌓을 저; 총12획; 교육한자 4학년

- **字源** 「貝(조개 패)+宁(쌓을 저)」의 상형문자로 재물(貝)을 쌓아(宁)둔다는 데서 「비축하다(たくわえる)」는 뜻이다.
- **筆順** 貝 貝` 貯 貯 貯
- **音** ちょ

  貯蔵(저장/ちょぞう) · 貯金(저금/ちょきん)
- **訓** たくわエル : (타하1) 저축하다.

▷ **財** 재물 재; 총10획; 교육한자 5학년

- **字源** 「貝(조개 패)+才(근본 재, 재주 재)」의 형성문자로 사람이 사는데 재물(貝)이 근본(才)이라는 것에서 「재물 · 재산」을 뜻한다.
- **筆順** 冂 目 貝 貝ー 財 財
- **音** さい · ざい

財産(재산/ざいさん)·財物(재물/ざいぶつ)

財布(さいふ) : 돈지갑. * 일본적인 어휘.

⑳ 車部

중국에서는 기원전 1300년 무렵인 은(殷)나라 때 이미 전쟁을 치를 때 말과 수레가 사용되었습니다. 수레 차(車)자는 수레를 위에서 본 모습을 본떠 만든 상형문자이다. 글자 중앙에 있는 曰자는 몸체를, 위 아래에 있는 一은 바퀴를, 중앙의 丨는 바퀴축을 나타낸다. 車部는 차의 종류, 상태 혹은 구조나 부품 등을 나타내는 한자가 수록되어 있다.

일본 당용한자표에서 車部에는

車軌軍軒軟軸較載軽輝輩輪輸轄転

와 같이 15자가 수록되어 있다.

일본은 明治時代[97]가 되어 서양의 사물, 관념, 말 등이 급속하게 들어옴에 따라 그것을 한자로 번역하였기 때문에 그 이전에는 없는 용례가 불어났다.

예를 들면

輸入(수입/ゆにゅう)

輸出(수출/ゆしゅつ)
輸送(수송/ゆそう)
運輸(운수/うんゆ)

　에서 나오는 輸(나를 수; 車-총16획)라는 한자이다. 지금은 신문 등
에서 매일 접하는 한자이지만 明治時代 이전에는 거의 볼 수가 없었
던 한자이다. 그래서 明治時代 일본인들은 처음으로 본 이 한자를 어
떻게 읽을 수가 없었다. 그런데 그 당시 유명한 계몽사상가인 福沢諭
吉(ふくざわゆきち)의 이름에 나오는 諭(깨우칠 유; 言-총16획)와
비슷하게 생겼고, 또 愉快(ゆかい)의 愉(즐거울 유; 心-총12획)와도
비슷하기 때문에 「ゆ」라고 발음했다고 한다. 이것은 사실 틀린 발음
이다. 輸는 유(ゆ)가 아니고 수(しゅ)인데 일본에서는 앞에서 본 것과
같이 한 번도 보지 못한 한자를 틀리게 발음한 것이 정착되어 버린 것
이다.
　輸(나를 수)와 輪(바퀴 륜{윤})을 車部의 오른쪽이 아주 닮아 있지
만 잘 보면 다르기 때문에 같은 한자가 아닌 것이다.
　輸(나를 수)는 車의 오른쪽에 兪(점점 유)의 약자이다 이 자를 기
본으로 하면서 부수가 다른 한자 「輸 · 愉 · 諭」는 한국에서는 「輸」는
「수」, 「愉 · 諭」는 「유」라고 발음하지만 일본에서 전부 「ゆ」라고 발음
한다. 여기서 공통부분인 兪의 약자는 「{合(합할 합)에서 口가 생략된
형}+{月=肉(고기 육)+刂=刀(칼 도)}」로 고기(月)와 칼(刂)을 모아서
합한다(合)는 뜻이다.
　輪(바퀴 륜{윤})은 車의 오른쪽에 侖(둥글 륜{윤})이 붙어있고, 이 자
를 기본으로 하면서 부수가 다른 한자 「輪 · 倫 · 論」에서 「輪 · 倫」는

한국어음은 「륜(윤)」, 일본어음은 「りん」이라고 하고, 「論」은 한국어
음은 「론」, 일본어음은 「ろん」이라고 발음한다. 여기서 공통부분인 侖
(둥글 륜{윤})에서 아래 부분의 冊(책 책)은 대나무(竹)를 나열해서 줄
로 묶은 상형문자이고 위는 합할 합(合)에서 아래 부분(口)이 생략된
형태이다. 따라서 이 한자는 대나무를 여럿이 모아(合) 정리해서 나열
한(冊)한 것이다

【부수한자】

▷ **車** 수레 차{거}; 총7획; 교육한자 1학년

- **筆順**　一 厂 币 百 亘 車
- **音**　　車道(차도/しゃどう)·車両(차량/しゃりょう)
- **訓**　　くるま : (명) 차. 수레. 자동차.
- **훈독숙어**　歯車(はぐるま) : 톱니바퀴.
　　　　　　　荷車(にぐるま) : 짐수레.
- **난독**　山車(だし) : 축제 때 끌고 다니는 장식한 수레(가마).

▷ **軍** 군사 군; 총9획; 교육한자 4학년

- **字源**　「冖(人의 변형)+車(수레 차{거})」의 회의문자로 병사
　　　　　(冖)들과 수레(車)가 전쟁터에 나아가는 모습으로 「전쟁
　　　　　(いくさ)」 또는 전쟁에 종사하는 「병사」라는 뜻이다.

- **筆順**　┌ ┌ ┌ ┌ 冒 軍

- **音**　ぐん

　　軍人(군인/ぐんじん)・軍用(군용/ぐんよう)

▷ **輪**　바퀴 륜{윤}; 총15획; 교육한자 4학년

- **字源**　「車(수레 차{거}+侖(뭉칠 륜{윤})」의 형성문자로 마차 (車)에서 여럿이 모아 정리해서 나열한(侖) 부분은 「바퀴」이다. 나아가 바퀴의 모양과 같은 「둘레」라는 뜻도 나타낸다.

- **筆順**　┌ ┌ ┌ ┌ 冒 軍

- **音**　りん

　　- 三輪車(삼륜차/さんりんしゃ) : 세 개의 바퀴가 달린 차.

　　- 輪禍(윤화/りんか) : 자동차 등의 교통 사고로 입은 재난.

　　- 輪郭(윤곽/りんかく) : ⓐ 외형(外形). ⓑ 개관(概観). 대요(大要).

- **訓**　わ : (명) ⓐ 둥글게 된 테. ⓑ 차바퀴.

【侖을 기본자로 하는 비한자가족】

▶ **倫**　인륜 륜{윤}; 人; 상용한자

- **字源**　「イ=人(사람 인)+侖(뭉칠 륜{윤})」의 형성문자로 사람

(亻)에 관한 말 중에서 여러 가지를 모아 정리해서 나열한(侖) 것은 「사람이 지켜야 할 도리」에 관한 것이다.

- **筆順** 〔 亻 价 伶 伶 伶 倫 〕

- **音** りん

  倫理(윤리/りんり) : 사람이 마땅히 지켜야 할 도리.

  人倫(인륜/じんりん) : 사람으로서 지켜야 할 도리.

  不倫(불륜/ふりん) : 인도(人道)에 어긋남.

▶ **論** 말할 론{논}; 言−총15획; 교육한자 6학년

- **字源** 「言(말씀 언)+侖(뭉칠 륜{윤})」의 형성문자로 말(言)에 관한 말 중에서 여러 가지를 모아 정리해서 나열한(侖) 것은 「논문」에 관한 것이다.

- **筆順** 〔 言 訁 診 診 論 論 〕

- **音** ろん

  - 論説(논설/ろんせつ) : 의견 · 주장을 진술함.

  - 論争(논쟁/ろんそう) : 서로 자기의 의견을 논(論)하여 다툼.

  - 言論(언론/げんろん) 말이나 글로 발표된 사상(思想).

- **訓** あげつらウ : (타5) 논평하다. 논의하다.

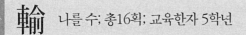

▷ **輸** 나를 수; 총16획; 교육한자 5학년

- **字源** 「車(수레 차{거}+兪의 약자」의 형성문자로 고기(月＝肉)
와 칼(刂＝刀)을 모아 합해서(合) 자동차(車)로 「운반하
다」라는 뜻이다.

- **筆順** | 車　軩　軨　輪　輸　輸 |

- **音** ゆ[98)

  - 輸送(수송/ゆそう) : 사람이나 물건을 운송하는 일.
  - 運輸(운수/うんゆ) : 사람이나 화물을 나르는 일.
  - 輸血(수혈/ゆけつ) : 혈액을 주입하여 보충함.
  - 輸出(수출/ゆしゅつ) ←輸入(수입/ゆにゅう)
  - 密輸(밀수/みつゆ) : 법을 어기고 몰래 하는 수입과 수
    출.

【兪를 기본자로 하는 한자가족】

▶ **愉** 즐거울 유; 心-총12획; 상용한자

- **字源** 「忄＝心(마음 심)+兪」의 형성문자로 마음(忄)을 합하면
(兪) 「즐겁다(たのしい)」는 뜻이다.

- **筆順** | 忄　忄　忄　愉　愉　愉 |

- **音** ゆ

  愉快(유쾌/ゆかい) : 즐겁고 기분이 좋음. 재미있음.

---

98) 한국음이 「수」이기 때문에 일본어 발음을 「しゅ」라고 하면 안 된다. 한일 발
음이 일치하지 않는 음이다.

- 訓　　① たのシイ : (형) 즐겁다.
　　　　② たのシム : (타5) 즐기다.

▶ **諭** 깨우칠 유; 言-총16획; 상용한자

- **字源**　「言(말씀 언)+俞」의 형성문자로 말(言)을 합하면(俞) 「깨우치다」라는 뜻이다.
- **筆順**　言　訁　訃　論　論　諭
- **音**　ゆ
　　諭旨(유지/ゆし) : 취지를 설명함.
- **訓**　さとス : (타5) 잘 타이르다. 지도하다.

▷ **軌** 수레바퀴 궤; 총9획; 당용한자

- **字源**　「車(수레 차[거])+九(아홉 구)」의 형성문자로 수레(車)에 여러(九) 살을 에워싼 것은 「수레바퀴」라는 뜻이다. 지금과 같이 도로가 포장되어 있지 않는 옛날에는 마차가 지나가면 길에 그 흔적이 남기 때문에 만들어진 한자이다.
- **筆順**　厂　冃　亘　車　軌　軌
- **音**　き
　　- 軌道(궤도/きどう) : 수레바퀴가 지나가며 자국을 남긴 길. →일이 진행되는 정상적인 방향과 단계. ＊궤도

에 오르다.

21 金部

【부수이야기】

金 - 金 이제 금(今)의 윗부분에 흙 토(土)를 합치고 양쪽에 두 점을 찍어 광물이 흙 속에 묻혀 있음을 나타내는 형성문자인데 원래 금속의 총칭으로 사용되었고, 거기에서 황금이라는 뜻이 되었다. 部首로서는 「かねへん」라고 부르는데 어떤 漢字 字形의 왼쪽에 접속해서 音을 나타내는 것이 아니고 금속 전반의 성질이나 상태에 관한 뜻을 나타낸다. 音은 오른쪽에 있는 한자가 나타낸다.

일본 당용한자표에서 金部에는

金針鈍鈴鉛銀銃銅銑銘鋭鋼録錘錠銭錯錬鍛鎖鎮鏡鐘鉄鋳鑑鉱

와 같이 27자가 수록되어 있다.

여기서 金(쇠 금; かね)과 銭(돈 전; ぜに)을 漢和辞典을 찾아보면 어느 쪽도 전부 「금전, 화폐」라는 뜻이 수록되어 있지만 중국 일상생활에서 銭은 확실하게 화폐를 의미하지만 金은 화폐의 뜻보다는 금속이나 귀중한 것을 뜻하는 용례로 사용되고 있다. 이 점에서 보면 화폐에 대한 한자의 대표는 銭일 것이다. 그러나 일본에서 보통 「돈벌이」

라고 말할 때「銭儲(ぜにもう)け」라는 말보다는「金儲(かねもう)け」라는 말을 사용한다.

【부수한자】

> ## 金 쇠금; 총8획; 교육한자 1학년

- **筆順** 　八　人　仐　全　金　金

- **音** 　きん・こん・ごん

　　　　金石(금석/きんせき)・黄金(황금/おうごん・こがね)

　　　　金髪(금발/きんぱつ)・金色(금색/こんじき)

　　　　金融機関(금융기관/きんゆうきかん)

　　　　貯金(저금/ちょきん)・預金(예금/よきん)

　　　　税金(세금/ぜいきん)・成金(성금/なりきん)

　　　　金言(금언/きんげん)・罰金(벌금/ばっきん)

　　　　募金(모금/ぼきん)・料金(요금/りょうきん)

　　　　借金(차금/しゃっきん) : 금전을 빌리는 것.

　　　　頭金(あたまきん) : 계약금.

- **訓** 　かね : (명) 돈.

- **훈독숙어** 　偽金(にせがね) : 가짜 돈. 위조 화폐.

　　　　引(ひ)き金(がね) : 방아쇠.

　　　　金具(かなぐ) : 금속제의 장식물.

　　　　針金(はりがね) : 철사.

鏡 거울 경; 총19획; 교육한자 4학년

- **字源** 「金(쇠 금)+음부호 竟(다할 경)」의 형성문자로 금속(金)으로 자기 자신의 형상을 확실시하는(竟) 것은 거울이다. 지금은 유리로 거울을 만들지만 옛날은 금속을 잘 연마해서 거울로 사용했다. 따라서 「거울(かがみ)」의 뜻이다. 나아가 렌즈(レンズ)를 이용한 도구의 뜻으로 사용한다.

- **筆順** 金 金′ 金″ 針 鐥 鏡

- **音** きょう
  - 老眼鏡(노안경/ろうがんきょう)・潜望鏡(잠망경/せんぼうきょう)
  - 顕微鏡(현미경/けんびきょう)・望遠鏡(망원경/ぼうえんきょう)
  - 拡大鏡(확대경/かくだいきょう)・内視鏡(내시경/ないしきょう)

- **訓** かがみ : (명) 거울

- **熟字訓** ～がね
  - 眼鏡(안경/めがね)・色眼鏡(색안경/いろめがね)
  - 虫眼鏡(むしめがね)・遠眼鏡(とおめがね) : 망원경

【竟을 기본자로 하는 한자가족】

▶ **竟** 다할 경; 立-총11획; 상용한자이외한자

- **字源** 「儿(어진사람인발 : 발의 상형문자)+日(날 일 : 태양을 본뜬 상형문자)+立(설 립 : 사람이 땅 위에 서 있음을 나타내는 상형문자)」의 회의문자이다. 옛날 시계가 없던 시대에 사람(儿)이 태양(日)을 보면서 서는(立) 이유는 태양에 비치는 그림자로 시간을 확실하게 알기 위한 것이다. 따라서 「확실시하다 · 일이 끝나다」의 뜻이다.
- **音** 畢竟(필경/ひっきょう) : 마침내. 결국에는.

▶ **境** 지경 경; 土-총14획; 교육한자 5학년

- **字源** 「土(흙 토)+음부호 竟(다할 경)」의 형성문자로 땅(土)을 확실시하는 것(竟)은 토지의 경계이다. 따라서 「경계(さかい)」의 뜻이다.
- **筆順** 　土　圹　圹　培　墇　境
- **音** きょう · けい
  　　　境界(경계/きょうかい) · 国境(국경/こっきょう)
  　　　境内(경내/けいだい) : 신사(神社)나 절의 내부.
  　　　＊주의해야 할 특수한 읽기
- **訓** さかい : (명) 경계. 갈림길.
- **훈독숙어** 　村境(むらざかい) : 마을과 마을의 경계.

22 門部

【부수이야기】

좌우로 열리는 출입구 문의 형태를 본 뜬 상형문자이다. 문에는 양쪽에 기둥 (│)이 있고 양쪽에 문(日)이 있다. 부수(部首)로서는 「문문몸/もんがまえ」라고도 하는데, 사람이 출입할 수 있는 문과 이에 관련된 집 등을 연상할 수 있는 한자에 사용한다.

일본 당용한자표에서 門部에는

門閉開閑間閣閥閲関

와 같이 9자가 수록되어 있다.

【부수한자】

▷ **門** 문 문; 총8획; 교육한자 2학년

- **筆順** 丨 冂 冂 冎 冎 門 門

- **音** もん

① 출입구

正門(정문/せいもん) : 정면의 문.

② 일족(一族); 친척; 같은 패.

名門(명문/めいもん)・同門(동문/どうもん)

③ 사물의 분류상 대별(大別).

- 部門(부문/ぶもん) : 전체를 크게 몇 개로 나눈 가
운데의 하나.

- 專門[99)](전문/せんもん) : 어떤 부문의 일만을 맡아
하거나 연구하는 것. =專攻(전공/せんこう)

- **訓**　かど : (명) 집의 출입구.

▷　**間**　틈 간; 총12획; 교육한자 2학년

- **字源**　「門(문 문)+日(해 일)」의 회의문자로 문(門)에서 햇빛
(日)이 스며드는 곳은「틈(すきま・あいま)」이다 .

- **筆順**　｜ 尸 門 門 門 間

- **音**　かん・けん

①사물과 사물의 사이, 때와 때의 사이.

ⓐかん

- 間隔(간격/かんかく) : 물건과 물건의 거리. 사
이. 틈.

- 間食(간식/かんしょく)・空間(공간/くうかん)

- 山間(산간/さんかん)・時間(시간/じかん)

ⓑけん

---

99) 專問이라고 표기하면 틀림.

- 眉間(미간/みけん) : 눈썹과 눈썹 사이.

- 世間(세간/せけん) : 세상. 일반 사회.

*「～の口(くち)がうるさい : 세상 소문이 귀찮다」

② 틈을 엿보다(すきをうかがう)

- 間諜(간첩/かんちょう)

・訓　① あいだ : (명)

ⓐ 사이. 공간. 틈. ⓑ 동안. 기간. ⓒ 관계. 사이.

② ま : ⓐ (명) 사이. 틈. ⓑ (접미) 방을 세는 말.

*「部屋(へや)が二(ふた)～ある : 방이 두 칸 있다」

▷ **開** 열 개; 총12획; 교육한자 3 학년

・字源　「門(문 문)+幵(평평할 견)」의 회의문자로 문(門)을 양손
　　　　(幵)으로 연다는 데서 「열다(あける)」의 뜻이다.

・筆順　| ⺆　門　門　閂　開　開 |

・音　　かい

① 닫혀있는 것을 열다.

- 開封(개봉/かいふう) · 開花(개화/かいか)

- 開架(개가/かいか) : 도서 열람 방법의 한 가지. 도
　　서관에서 자유로이 책을 꺼내어 열람할 수 있도록
　　해 놓은 방법.

② 열어서 안에 것을 밖으로 내놓다.

- 開発(개발/かいはつ) · 公開(공개/こうかい)

③ 행사(行事)·사업(事業) 등을 시작하다

  – 開始(개시/かいし)↔終了(종료/しゅうりょう)

  – 開会(개회/かいかい)↔閉会(폐회/へいかい)

  – 開校(개교/かいこう)↔閉校(폐교/へいこう)

④ 개발되다. 발전되다.

  – 開化(개화/かいか)·未開(미개/みかい)

- 訓
① ひらク：(자타5) 열리다.

  *「戸(と)が～：문이 열리다」

② ひらケル：(자하1) 닫혔던 것이 열리다.

  *「運(うん)が～：운이 열리다」

③ あク：(자5) 열리다.

  *「戸(と)が～：문이 열리다」

④ あケル：(타하1) 열다.

  *「戸(と)を～：문을 열다」

▷ **閉** 닫을 폐; 총11획; 교육한자 6학년

- 字源 「門(문 문)+재(材)의 일부분」의 회의문자로 문(門)의 출입구를 목재(木材)로 「막다(とざす)」는 뜻이다.

- 筆順 | 丨 ｜ 尸 門 門 閈 閉 |

- 音 へい

  – 閉門(폐문/へいもん)↔開門(개문/かいもん)

  – 閉鎖(폐쇄/へいさ)↔開放(개방/かいほう)

- 閉校(폐교/へいこう)↔開校(개교/かいこう)

- 閉講(폐강/へいこう)↔開講(かいこう)

- 閉口(폐구/へいこう) : 입을 다물고 말하지 않음. →질
  림. 손듦.

  *「あいつのおしゃべりには~した : 그놈이 지껄이는
    데는 질렸다」

- 開閉(개폐/かいへい) : 열고 닫음. 여닫음.

- 密閉(밀폐/みっぺい) : 틈이 없이 꽉 닫음.

- ・訓　① とザス : (타5) 문을 잠그다.

　　② しメル : (타하1) (문 따위를) 닫다.

　　③ しマル : (자5) 닫히다.

【門部가 아닌 한자】

▶ 聞　들을 문; 耳-총14획; 교육한자 2학년

- ・字源　「耳(귀 이)+음부호 門(문 문)」의 형성문자로 집안에서
  말하는 것을 문(門) 밖에서 귀(耳)로 살짝 「듣다(きく)」
  는 뜻이다.

- ・筆順　｜ 尸 門 門 門 門 聞

- ・音　ぶん・もん

　　① 들리다(きこえる). 듣다(きく)

　　- 見聞(견문/けんぶん・けんもん) : 보고 들음.

- 伝聞(전문/でんぶん) : 전해져서 들음.

- 前代未聞(전대미문/ぜんだいみもん) : 이제까지 들은 적이 없음.

② 소문. 평판

- 新聞(신문/しんぶん)

- 風聞(풍문/ふうぶん) : 바람결에 듣는 일. 어디선 지 모르게 듣는 일. 소문. 근거도 없이 떠도는 말.

- **訓** ① きク : (타5)

ⓐ 듣다. *「音楽(おんがく)を~ : 음악을 듣다」

ⓑ 묻다. *「道(みち)を~ : 길을 묻다」

② きコエル : (자하1) 소리가 들리다.

▶ **問** 물을 문; 口-총11획; 교육한자 3학년

- **字源** 「口(입 구)+음부호 門(문 문)」의 형성문자로 門(문 문)은 닫혀있다는 뜻으로 즉 감추어져 있어 모르는 부분(門)을 입(口)으로「묻다(とう)」는 뜻이다.

- **筆順** | 厂 厄 門 門 問

- **音** もん

① 확실하지 않는 것에 대해서 묻다.

問題(문제/もんだい) · 問責(문책/もんせき)

学問(학문/がくもん) · 拷問(고문/ごうもん)

② 안부를 묻다.

訪問(방문/ほうもん)・慰問(위문/いもん) :

弔問(조문/ちょうもん) : 상가를 찾아 조상함.

- 訓　とウ : (타5) 묻다. 듣다.

　*「責任(せきにん)を〜 : 책임을 묻다」

🈔 雨部

【부수이야기】

지면을 덮고 있는 하늘(天)에서 비(네 개의 점은 물방울)가 떨어지는 형태를 본뜬 상형문자이다. 部首로서는 「あめかんむり」라고 부르는데 어떤 漢字 字形의 상부에 첨가되어 음을 나타내는 것이 아니고 기상 또는 날씨에 관한 뜻을 나타낸다. 音은 雨部 아래에 있는 한자가 나타낸다.

일본 당용한자표에서 雨部에는

　　雪雲零雷電需震霜霧露霊

와 같이 11자가 수록되어 있다.

고대인들의 半地下式 주거에서 내리는 비는 생활에 큰 피해를 주었기 때문에 이 한자는 甲骨文字 시대부터 이미 사용되었다. 이 한자를 잘 보면 半地下式 땅굴에서 가족들이 오순도순 모여 비를 피하고 있는 모습이 상상된다. 비라는 것은 내리지 않아도 곤란하지만 많이 내려도 곤란하다. 우리나라에서 비의 표현은 많다. 계절에 따라 봄에 내리면 봄비[100], 여름에 내리면 여름비, 가을에 내리면 가을비[101], 겨울에 내리면 겨울비라고 한다. 비가 내려도 할 일 많은 봄비는 일비, 여름에 바쁜 일이 없을 때 비가 오면 일을 잠시 쉬고 낮잠을 자기 좋다고 하여 여름에 내리는 비를 잠비, 가을걷이가 끝난 후에 가을에 비가 내리면 떡을 해 먹으면서 여유 있게 쉴 수 있기 때문에 가을에 내리는 비를 떡비, 그리고 겨울비는 농한기라 술을 마시면서 놀기 좋다는 뜻에서 술비라고 부르고, 오래 오래 지겹게도 내리는 비를 궂은비라고 부르고, 한 여름 맑은 날에 잠깐 뿌리는 비를 여우가 시집간다고 해서 여우비[102]라고 부르고, 안개처럼 눈에 보이지 않게 내리는 안개비[103], 안개보다 조금 굵은 비를 이슬비[104], 알갱이가 보슬보슬 끊어지며 내리는 보슬비[105], 보슬비와 이슬비를 통틀어 부르는 가랑비[106], 장대처럼 굵은 빗줄기로 세차게 쏟아지는 비는 장대비[107], 가뭄에 꼭 필요할 때에 알맞게 조금 내리는 비를 단비[108]라고 부른다.

　일본에서도 비의 표현은 많다. 계절에 따라 봄에 내리는 봄비를 春雨(はるさめ). 5월부터 7월에 걸쳐 내리는 장맛비를 五月雨(さみだ

---

100) 春雨(はるさめ・しゅんう)
101) 秋雨(あきさめ・しゅうう)
102) 日照雨(ひでりあめ), 天気雨(てんきあめ)
103) 霧雨(きりさめ)
104) 霧雨(きりさめ)
105) 小雨(こさめ)
106) 小雨(こさめ)
107) 土砂降(どしゃぶ)り
108) 慈雨(じう)

れ), 梅雨(つゆ/ばいう)[109], 가을비를 秋雨(あきさめ), 겨울에 우박과 같이 내리는 비를 氷雨(ひさめ)라고 부른다. 그리고 비가 내리는 양이나 내리는 방법에 의해서, 안개와 같이 보슬 보슬 내리는 비를 霧雨(きりさめ), 비가 조금 내리는 가랑비를 小雨(こさめ), 갑자기 내리는 쏟아지는 소나기를 俄雨(にわかあめ), 눈물만큼 적게 내리는 비를 涙雨(なみだあめ), 대량으로 많이 내리는 비를 大雨(おおあめ), 豪雨(ごうう)라고 부르고, 가을에서 겨울에 걸쳐 일시적으로 내렸다 멈추기를 반복하는 비를 時雨(しぐれ)라고 부른다.

【부수한자】

▷ **雨** 비 우; 총8획; 교육한자 1학년

- **筆順**   一 一 一 币 币 雨 雨
- **音**   う

  雨季(うき) : 비가 많이 오는 시기.

  雨天(うてん) : 비가 내리는 날씨.

  雨量(우량/うりょう) : 강우량(지상에 내린 비의 양).

  雷雨(뇌우/らいう) : 천둥과 함께 오는 비.
- **訓**   ① あめ : (명) 비.

  ② あま~

  雨傘(あまがさ) : 우산.

---

109) 梅雨入(い)り : 장마가 시작됨/梅雨明(あ)け : 장마가 끝남.

雨着(あまぎ) : 비옷.

雨空(あまぞら) : 비가 오는 하늘.

雨戸(あまど) : 비바람을 막는 덧문.

③ ～さめ[110]

- **난독**　五月雨(さみだれ) : 음력 5월경에 내리는 장마.

時雨(しぐれ) : 늦가을에서 겨울에 걸쳐 오는 비.

梅雨(つゆ) : 장마.

▷ **雪**　눈 설; 총11획; 교육한자 2학년

- **字源**　「雨(비 우)＋ヨ(手)」의 형성문자로 손(ヨ)으로 잡을 수 있
는 비(雨)는 「눈(ゆき)」을 뜻한다.

- **筆順**　
```
 ⺊ 雨 雪 雪 雪 雪
```

- **音**　せつ · せっ

雪景(せっけい) : 눈경치.

雪隠(せっちん) : 변소. ＊일본에서 사용하는 어휘.

- **訓**　ゆき : (명) 눈.

▷ **雲**　구름 운; 총12획; 교육한자 2학년

- **字源**　「雨(비 우)＋云(이를 운)」의 형성문자로 비((雨)가 올 것

---

110) 霧雨(きりさめ) : 이슬비. /氷雨(ひさめ) : 우박. /春雨(はるさめ) : 봄비.
小雨(こさめ) : 가랑비.

이라는 것을 말해(云) 주는 「구름(くも)」을 뜻한다.

- 筆順 ｢二 雫 雫 雲 雲 雲｣
- 音   うん

  雲霧(운무/うんむ) : 구름과 안개.

- 訓   くも : (명) 구름.

- 훈독숙어   雨雲(あまぐも) : 비구름.

電   번개 전; 총13획: 교육한자 2학년

- 字源   「雨(비 우)+申(펼 신)의 변형」의 형성문자로 비(雨)가 번쩍 빛을 펴칠(申) 생기는 「번개 · 전기」라는 것이다.

- 筆順 ｢二 示 雫 雫 雪 電｣
- 音   でん

  電気(전기/でんき) · 電話(전화/でんわ)

零   조용히 오는 비 령, 떨어질 령; 총13획; 당용한자

- 字源   「雨(비 우)+令(명령할 령)」의 형성문자로 비((雨)와 명령(令)은 위에서 아래로 「떨어지다」는 뜻이다.

- 筆順 ｢二 示 雫 雫 雫 零｣
- 音   れい

  零下(영하/れいか) : 섭씨 영도 이하.

- 訓   こぼす : (타5) 흘리다.

▷ **雷** 천둥 뢰{뇌}; 총13획; 당용한자

- **字源** 「雨(비 우)+田(밭 전)」의 형성문자로 비(雨)가 올 때는
  밭(田)과 같은 모양의 구름들이 부딪치면서 내는 소리가
  「천둥(かみなり)」이라는 것이다.

- **筆順**   一 厂 币 雨 雨 雷 雷 雷 雷

- **音**   らい

  雷鳴(뇌명/らいめい) : 천둥소리.

- **訓**   かみなり : (명) 천둥.

▷ **需**[111) 구할 수; 총14획; 당용한자

- **字源** 「雨(비 우)+而(말 이을 이; 수염을 뜻함)」의 형성문자로
  수염(而)에 침(雨)이 묻어 있다는 것은 무엇을 먹고 싶
  어 구하고자 할 때 생리적으로 침샘을 자극해서 침이 나
  오는 것이다. 그래서 「구하다」는 뜻으로 사용한다.

- **筆順**   币 雨 雨 雫 雫 需 需

- **音**   じゅ

  需要(수요/じゅよう) : 어떤 재화를 사려고 하는 욕구.

---

111) 儒(선비 유)는 「亻=人(사람 인)+需」의 형성문자로 수염(而)에 침(雨)이 묻
어 있는 사람(亻)이란 말 많은 「선비」라는 뜻이다. * 儒教(유교/じゅきょ
う)

震 벼락 진, 진동할 진; 총15획; 당용한자

- **字源** 「雨(비 우)+辰(별이름 진)」의 비(雨)가 내리고 별(辰)이 반짝이는 것처럼 「벼락을 치다」는 뜻이다.

- **筆順** 「雨 雫 严 霏 霏 震

- **音** しん

  震源地(진원지/しんげんち) : 지진이 발생한 곳.

- **訓** ふるウ : (자5) 떨리다. 흔들리다.

霜 서리 상; 총17획; 당용한자

- **字源** 「雨(비 우)+相(서로 상)」의 형성문자로 빗방울(雨)이 서로(相) 얼어붙은 것은 「서리(しも)」이다.

- **筆順** 「雨 霏 霜 霜

- **音** そう

  霜害(상해/そうがい) : 서리로 인한 피해.

- **訓** しも : (명) 서리.

霧 안개 무; 총19획; 당용한자

- **字源** 「雨(비 우)+務(힘쓸 무)」의 형성문자로 손으로 잡을 수 있는 비(雨)가 몹시(務) 내릴 때 생기는 뿌연 「안개(き り)」를 뜻한다.

- **筆順**

- **音**   む

    雲霧(운무/うんむ) : 구름과 안개.

- **訓**   きり : (명) 안개.

露   이슬 로{노}; 총20획; 당용한자

- **字源**   「雨(비 우)+路(길 로{노}」의 형성문자로 비(雨)가 길가
    (路)에 내려 풀잎이 촉촉하게 젖어 있는 「이슬(つゆ)」을
    뜻한다.

- **筆順**

- **音**   ろ・ろう

    - 露店(노점/ろてん) : 길가에 벌여놓은 가게.

    - 露出(노출/ろしゅつ) : 밖으로 드러남.

    - 披露(피로/ひろう)[112] : 널리 공포함.

      *披露宴(피로연/ひろうえん)

- **訓**   つゆ : (명) 이슬.

24 鬼部

---

112) 疲勞(ひろう) : 정신이나 육체 따위가 지쳐서 고단함.

【부수이야기】

귀신 형상을 생각해서 만든 회의문자이다. 중국이나 한국에서 鬼(おに)란 귀신이라는 뜻으로 사람이 죽은 뒤에 죽었을 때의 모습으로 저 세상에서 살고 있다는 관념은 수천 년 전부터 지금까지 변함없이 이어져 온 것 같다. 다시 말해서 사람은 이 세상에서는 죽었지만 저 세상에 가서 매일 변함없이 생활하고 있다는 것이다.

한국판 귀신 영화를 보면 귀신은 밤에 이 세상에 와서 아침에 닭이 울면 저 세상으로 간다는 것을 보면 이 세상과 저 세상 사이에는 통로가 있어 귀신(鬼) 들은 밤이 되면 이 세상에 올 수가 있다는 사고인 것 같다.

그런데 일본어에서 鬼는 「おに」라고 할 때는 중국이나 한국에서 말하는 귀신(鬼)과는 다르다.

일본에서 鬼(おに)란 한국에서 말하는 도깨비에 해당한다. 한국에서 도깨비는 신라시대부터 집안의 악귀를 쫓아내기 위해 기와나 벽면에 무서운 도깨비의 형상을 그려 넣어 질병이나 재앙으로부터 보호받고자 했다고 한다. 우리에게 가장 친숙한 도깨비 이야기인 혹부리영감을 보면 도깨비들은 하나같이 가난하지만, 착하고 성실한 사람, 효자들에게는 반드시 복을 주고, 부자나 게으른 사람, 나쁜 짓을 한 사람은 크게 벌을 준다는 이야기이다. 이런 점에서 보면 한국의 도깨비는 무섭다기보다 사람과 친숙하고 선량한 느낌을 주는 도깨비이다.

일본에서 鬼(おに)라는 말을 언제부터 사용되었는지 확실하지 않지만 일본에서 가장 오래된 이야기인 平安時代의 다케토리모노가타리(竹取物語)에서 보면 '쿠라모치노미코(くらもちの皇子)'가 한 말 중에

ある時は,浪に荒れつつ海の底にも入りぬべく,ある時は,風につけて
知らぬ国に吹きよせられて,鬼のやうなるもの出て来て殺さむとしき.

어떤 때는 거센 풍랑을 만나 바다 밑바닥에도 잠기는 것 같이도 되
고, 어떤 때는 바람에 실려 어딘지도 모르는 나라에 들어가 괴물로부터
생명을 빼앗길 위험에 빠지기도 했다.

에서 보면 나를 죽일 만큼 무서운 형상을 도깨비가 나타나서 죽이
려고 했다는 것에서 보면 도깨비는 인간의 눈에 보이는 것이다.

대체적으로 일본 도깨비인 鬼(おに)는 머리에 뿔이 한 개 내지 둘
개가 나 있고 무시무시한 요괴에 가깝다. 몸도 대체적으로 빨강색이
다. 사전을 찾아보면 무시무시한 요괴에 가깝다. 鬼部에는 사람의 영
혼이나 요괴 등 무시무시한 이미지를 주는 초자연적인 존재를 뜻하는
한자가 수록되어 있다.

일본 당용한자표에서 鬼部에는

鬼魂魅魔

와 같이 4자가 수록되어 있다.

【부수한자】

▷ **鬼** 귀신 귀; 총10획; 당용한자

• **筆順**   ｜ ｀ ｒ ｆ ｆ ｆ ｆ ｆ ｆ ｆ 白 申 鬼 鬼 鬼

- **音**　き

　　鬼神(귀신/きしん) : 도깨비. 유령.

- **訓**　おに : (명) 귀신. 도깨비.

- **훈독숙어**　鬼火(おにび) : 도깨비불.

▷ **魂**　넋 혼; 총14획; 당용한자

- **字源**　「云{雲(구름 운)의 아래 부분}+鬼(귀신 귀)」의 형성문자로 구름(云)처럼 떠다니는 죽은 사람(鬼)은 「혼」이라는 뜻이다.

- **筆順**　云　云′　訥　訥　魂　魂

- **音**　こん

　　靈魂(영혼/れいこん) : 넋. 혼.

▷ **魅**　도깨비 매, 홀릴 매; 鬼-총15획; 당용한자

- **字源**　「鬼(귀신 귀)+未(아닐 미)」의 형성문자로 도깨비(鬼)가 정신적 성장이 미숙(未)한 사람을 「홀리다」는 뜻이다.

- **筆順**　而　曲　鬼　鬼　触　魅

- **音**　み

　　-魅力(매력/みりょく) : 사람의 마음을 끌어당기는 묘한 힘.

　　-魅惑(매혹/みわく) : 남의 마음을 호리어 사로잡음.

▶ 醜 추할 추; 酉-총17획; 당용한자

- **字源** 「酉(술 유)+鬼(귀신 귀)」의 형성문자로 왼쪽의 酉가 발음을 표시한다. 술(酉)에 취하면 귀신(鬼)과 같이 추잡하게 행동한다는 데서 「추하다」는 뜻이 되었다.

- **筆順** 冂 酉 酚 醜 醜 醜

- **音** しゅう

  醜悪(추악/しゅうあく) : 추하고 흉악하다,

  醜女(추녀/しゅうじょ) : 못생긴 여자.

- **訓** みにくイ : (형) 추하다. 못생기다.

▷ 魔 마귀 마; 총21획; 당용한자

- **字源** 「麻(삼 마)+鬼(귀신 귀)」의 형성문자로 흐트러진 삼(麻) 같이 정신을 혼란하게 만드는 귀신(鬼)이 「악마」라는 것이다.

- **筆順** 广 广 麻 麻 魔 魔

- **音** ま

  魔女(마녀/まじょ)·魔術(마술/まじゅつ)

25 魚部

【부수이야기】

물고기의 머리, 배, 꼬리의 모양을 본뜬 상형문자로 누구나 알기 쉬운 한자에 속한다. 부수(部首)로서는 「고기 어 변/うおへん」이라고 하는데, 魚類나 수중동물의 종류 혹은 성질·상태에 관한 것을 나타낸다. 설문해자 漢和辞典에서는 木部나 糸部 다음으로 많은 한자가 수록되어 있다.

한자는 중국에서 만든 문자이지만 魚部에는 일본인이 만든 한자도 있다.

鯛(도미 조; 魚-총19획; たい)
鰯(멸치 약; 魚-총21획; いわし)
鯖(청어 청; 魚-총19획; さば)

일본에서 사용하는 한자 중에는 중국과 전혀 다른 뜻으로 사용하는 한자가 있는데, 그 중에서 하나 예를 들면 鮎(메기 점)은 일본에서 은어(あゆ)라는 뜻으로 사용하고 있다.

魚는 앞에서 본 바와 같이 「うお」와 「さかな」두 가지 훈독이 있는데, 예전에는 일본인들은 술을 마실 때 술안주로 먹는 고기를 가리킬 때는 「さかな(생선)」, 바다에서 헤엄치고 있는 살아있는 고기를 가리킬 때는 「うお(물고기)」라고 구별해서 말했다. 그러나 최근에는 살아 있는 것이든 요리한 것이든 전부 「さかな(생선)」라고 말한다.

漁(고기 잡을 어)는 魚部에 수록되어 있지 않고 氵部에 수록되어 있다.

일본 당용한자표에서 魚部에는

魚 · 鮮 · 鯨

와 같이 3자가 수록되어 있다.

【부수한자】

▷ 魚 　고기 어; 총11획; 교육한자 2학년

- **筆順**　`丿 ⺈ 匂 甶 龟 魚`

  ＊주의해야 할 곳은 5획째가 세로부터라는 것이다.

- **音**　ぎょ
  - 金魚(きんぎょ) : 금붕어.
  - 鮮魚(선어/せんぎょ) : 신선한 생선.
  - 稚魚(치어/ちぎょ) : 알에서 부화된 지 얼마 되지 않은 물고기.

- **訓**　① うお : (명) 물고기.
  　　② さかな : (명) ⓐ 물고기. ⓑ 술안주.

- **훈독숙어**　魚市場(어시장/うおいちば)수산시장.

魚屋(さかなや) : 생선가게.

雜魚(잡어/ざこ) : 여러 가지가 뒤섞인 작은 물고기.

▷ 鮮 고울 선; 총17획; 당용한자

- **字源** 「魚(고기 어)+羊(양 양)」의 형성문자로 물고기(魚)가 양(羊)처럼 희고 곱고 깨끗하면 「신선하다」는 뜻이다.

- **筆順** | ク 奂 魚 魚 鮮 鮮 鮮 |

- **音** せん

  鮮明(선명/せんめい) : 뚜렷하고 밝음.

  新鮮(신선/しんせん) : 생기가 있고 싱싱함.

- **訓** あざヤカ : (형동ダ) 선명함. 또렷함.

▷ 鯨 고래 경; 총19획; 당용한자

- **字源** 「魚(고기 어)+京(대궐 경)[113]」의 형성문자로 대궐(京)처럼 큰 물고기(魚)는 「고래(くじら)」를 뜻한다.

- **筆順** | 魚 魚 魚 鯨 鯨 鯨 |

- **音** げい

---

113) 京의 상부는 高자의 위 분분과 같고 하부의 小는 조금 높은 토대를 묘사한 것이다. 따라서 이 字는 조금 높은 언덕 위에 있는 궁궐을 뜻한다. 옛날에는 홍수나 습기의 피해를 피해 높고 밝은 언덕 위에 부락을 만들고 그것이 중심 도시가 되어 「서울(みやこ)」이 되었다.

鯨油(げいゆ) : 고래 기름.

鯨肉[114](げいにく) : 고래 고기.

• 訓　　くじら(명) : 고래.

【京을 기본자로 하는 한자가족】

▶ **景** 볕 경; 日-총12획; 교육한자 4학년

• **字源**　「日(해 일)+京(서울 경)」의 형성문자로 해(日)가 비치고
있는 서울(京)의 「경치(けしき)」이다.

• **筆順**　冂 日 旦 晃 景 景

• **音**　　けい

光景(광경/こうけい) · 風景(풍경/ふうけい)

絶景(절경/ぜっけい) · 夜景(야경/やけい)

雪景(설경/せっけい) · 背景(배경/はいけい)

▶ **憬** 깨달을 경; 心-총15획; 상용한자

• **字源**　「忄=心(마음 심)+日(해 일)+京(서울 경)」의 형성문자로
옛날 지방에 파견된 관리들은 마음(忄=心)은 언제나 다
시 갈 수 있을까 생각하면서 해(日)가 비치는 서울(京)의
풍경(景)을 「그리워하다」는 뜻이다.

• **音**　　けい

---

114) 훈으로 「くじらにく」라고도 말함.

- 憧憬(동경/どうけい) : 그리워하는 일. 애틋하게 바라
  는 일.
- **訓**　あこがレル : (자하1) 동경하다. 그리워하다.

제3장
부록

제3장

부록

1. 한자가족

「부수+기본자」의 구조를 가지는 형성문자 중에서 기본자만 같다면 부수에 의해서 뜻은 다르겠지만 전부 같은 음을 나타내는 한자를 한자가족(漢字家族)이라고 말한다.

●는 기본자, ◎는「부수+기본자」

【えい】(영) ●{永} ◎{泳 · 詠}

【かん】(환) ●{奐}[1] ◎{換 · 喚}

【き】(기) ●{其}[2] ◎{基 · 期 · 欺 · 旗 · 棋=碁}

【ぎ】(의) ●{義} ◎(의/희){儀 · 議/犠}

---

1) 상용한자이외한자
2) 상용한자이외한자

【きゅう】(급) ●{及} (급/흡) ◎{級・扱/吸}

【きゅう】(구) ●{求} ◎{救・球}

【きょ】(거) ●{巨} ◎{拒・距}

【きょう】(경) ●{竟}3) ◎{境・鏡・競}

【こ】(고) ●{古} ◎{枯・故・固}

【こう】(교) ●{交} ◎{校・較・絞}

【こう】(후) ●{侯} ◎{候・喉}

【こう】(광) ●{広} ◎{鉱}

【し】(사) ●{司} ◎{詞・飼・嗣・伺}

【しゅう】(주) ●{周} ◎{週}

【しょう】(소) ●{召} ◎소){沼・紹・昭・(조){照・(초){招}

【しん】(신) ●{申} ◎{伸・紳}

【せい・じょう】(성) ●{成} ◎{誠・城・盛}

【ちょう】(장) ●{長} ◎{張・帳}

【ど】(노) ●{奴} ◎{努・怒}

【とう】(동) ●{東} ◎{凍・棟}

【どう】(동) ●{同} ◎{洞・胴}

【はん】(반) ●{反} ◎{返・飯} (판){版・坂・販・板}

【ひょう】(표) ●{票} ◎{漂・標}

【ふん】(분) ●{分} ◎{粉・紛}

【ほう】(방) ●{方} ◎{防・訪・紡・坊・放}

【もう・ぼう】(망) ●{亡} ◎{忘・望・忙}

---

3) 상용한자이외한자

【りょう】(량) ●{量} ◎{糧}

2. 비한자가족

「부수+기본자」의 구조를 가지는 형성문자 중에서 기본자는 같지만,
부수에 의해서 뜻은 당연하게 다르고 음도 다른 한자를 비한자가족
(非漢字家族)이라고 말한다.

- ●는 기본자, ◎는「부수+기본자」
- ●也(어조사 야;や)[4] ◎他(た)·地(ち)·池(ち)
- ●斤(도끼 근;きん) ◎折(せつ·せっ)·析(せき)
- ●支(가를 지;し) ◎枝(し·じ)·技(ぎ)
- ●由(말미암을 유;ゆ) ◎油(ゆ)·抽(ちゅう)
- ●羊(양 양;よう) ◎洋(よう)·詳(しょう)·鮮(せん)
- ●早(새벽 조;そう·さっ) ◎草(そう):章(しょう)
- ●合(합할 합;ごう·がっ) ◎拾(しゅう)·答(とう)·給(きゅう)
- ●谷(골 곡;こく) ◎欲(よく)·浴(よく)·俗(ぞく)·裕(ゆう)
- ●系(이을 계;けい) ◎係(けい)·孫(そん)
- ●見(볼 견;けん) ◎現(げん)·規(き·ぎ)·視(し)
- ●里(마을 리;り) ◎埋(まい)·理(り)

---

4) 상용한자이외한자

3. 비슷한 한자

한자는 자형이 닮아 있는 한자가 많기 때문에 잘못 생각하여 틀리는 경우가 많다. 일반적으로 혼돈하기 쉬운 한자는 다음과 같다.

万(일만 만;まん)-方(모 방;ほう)

上(위 상;じょう)-土(흙 토;ど)-士(선비 사;し)

午(낮 오;ご)-牛(소 우;ぎゅう)

由(말미암을 유;ゆ)-甲(갑옷 갑;こう)

鳥(새 조;ちょう)-烏(까마귀 오;う)-島(섬 도;とう)

光(빛 광;こう)-米(쌀 미;べい)

市(저자 시;し)-布(베 포;ふ)

名(이름 명;めい) - 各(각각 각;かく)

貝(조개 패; ばい)-具(갖출 구;ぐ)

国(나라 국;こく) - 団(둥글 단;だん)

人(사람 인;じん) - 入(들 입;にゅう)

子(아들 자;し・じ・す) - 干(방패 간;かん)

力(힘 력{역};りょく) - 刀(칼 도;とう)

字(글자 자;じ) - 宇(집 우;う)

石(돌 석;せき) - 右(오른쪽 우;ゆう)

糸(가는 실 사{멱};し) - 系(이을 계;けい)

末(끝 말;まつ) - 未(아닐 미;み)

心(마음 심;しん) - 必(반드시 필;ひつ)

態(모양 태;たい) - 熊(곰 웅;ゆう)

巨(클 거;きょ) - 臣(신하 신;しん)

性(성품 성;せい) - 姓(성 성;せい)

対(대답할 대;たい) - 討(칠 토;とう)

全(온전할 전;ぜん) - 金(쇠 금;きん)

雨(비 우;う) - 両(두 량{양};りょう)

回(돌 회;かい) - 同(한 가지 동;どう)

車(수레 차{거};しゃ)-東(동녘 동;とう)

左(왼 좌;さ) - 在(있을 재;ざい)

卒(군사 졸;そつ) - 率(거느릴 솔;そつ・りつ)

貴(귀할 귀;き) - 責(꾸짖을 책;せき)

爪(손톱 조;そう) - 瓜(오이 과;か)

王(임금 왕;おう) - 玉(옥 옥;ぎょく)

知(알 지;ち) - 和(화할 화;わ)

任(맡길 임;にん) - 仕(벼슬할 사;し)

売(팔 매;ばい) - 買(살 매;ばい)

続(이을 속;ぞく) - 読(읽을 독;どく)

講(익힐 강;こう) - 購(살 구;こう)

貸(빌릴 대;たい) - 賃(품팔이 임;ちん) - 貨(재화 화;か)

貿(바꿀 무;ぼう) - 賀(하례 하;が)

誠(정성 성;せい) - 試(시험할 시;し)

老(늙은이 로{노};ろう)-考(생각할 고;こう)

特(수컷 특;とく) - 持(가질 지;じ) - 侍(모실 시;じ)

便(편할 편;べん) - 使(하여금 사;し)

輪(바퀴 륜{윤};りん) - 輸(나를 수;ゆ)

粉(가루 분;ふん) - 紛(어지러워질 분;ふん)

哀(슬플 애;あい) - 衰(쇠할 쇠;すい) - 衷(속마음 충;ちゅう)

隱(숨길 은;いん)-穩(평온할 온;おん)

千(일천 천;せん)-干(방패 간;かん)

遺(끼칠 유;ゆい・い)-遣(보낼 견;けん)

代(대신할 대;たい・だい)-伐(칠 벌;ばつ・ばっ)-袋(자루 대;たい)

失(잃을 실;しつ・しっ)-夫(지아비 부;ふ・ぶ・ふう)-矢(화살 시;し)

幹(줄기 간;かん)-乾(하늘 건;かん)

宜(마땅할 의;ぎ)-宣(베풀 선;せん)

困(괴로울 곤;こん)-囚(가둘 수;しゅう)-因(인할 인;いん)

客(손 객;きゃく・きゃっ)-容(얼굴 용;よう)

皿(그릇 명)-血(피 혈;けつ)

官(벼슬 관;かん)-宮(집 궁;きゅう・ぐう)

起(일어날 기;き)-赴(나아갈 부;ふ)

思(생각할 사;し)-恩(은혜 은;おん)

從(좇을 종;じゅう・しょう)-徒(무리 도;と)

項(목 항;こう)-頂(정수리 정;ちょう)-頃(요사이 경;けい)

史(역사 사;し)-吏(벼슬아치 리{이};り)

師(스승 사;し)-帥(장수 수;すい)

住(살 주;じゅう)-往(갈 왕;おう)-佳(아름다울 가;か)

類(무리 류{유};るい)-数(셀 수;すう)

遂(이를 수;すい)-逐(쫓을 축;ちく)

奏(아뢸 주;そう)-秦(나라 이름 진;しん)[5]

奉(받들 봉;ほう)-泰(클 태;たい)

推(추천할 추;すい)-唯(오직 유;ゆ)-堆(언덕 퇴;たい)[6]

奮(떨칠 분;ふん)-奪(빼앗을 탈;だつ)

予(나 여;よ)-矛(창 모;む)

預(미리 예; よ)-務(일 무;む)

季(끝 계;き)-委(맡길 위;い)-李(오얏 리{이};り)[7]

滅(멸망할 멸;めつ)-減(덜 감;げん)

掃(쓸 소;そう)-帰(돌아갈 귀;き)

幸(다행 행;こう)-辛(매울 신;しん)

挙(들 거;きょ)-覚(깨달을 각;かく)

労(일할 노{로};ろう)-栄(꽃 영;えい)

常(항상 상;じょう)-賞(상줄 상;しょう)

差(어긋날 차;さ)-着(붙을 착{저};じゃく・ちゃく・ちゃっ)

素(흴 소;そ・す)-毒(독 독;どく)

状(형상 상;じょう)-壮(씩씩할 장;そう)

応(응할 응;おう)-圧(누를 압;あつ)

舟(배 주;しゅう)-丹(붉을 단;たん)

留(머무를 류{유};りゅう・る)-貿(바꿀 무;ぼう)

尺(자 척;しゃく)-斥(물리칠 척;せき)-斤(도끼 근;きん)

延(끌 연;えん)-廷(조정 정;てい)

---

5) 상용한자이외한자
6) 상용한자이외한자
7) 상용한자이외한자

設(베풀 설;せつ・せっ)-説(말씀 설;せつ)

投(던질 투;とう)-役(부릴 역;えき・やく)

軽(가벼울 경;けい)-転(구를 전;てん)

動(움직일 동;どう)-種(씨 종;しゅ)

統(큰 줄기 통;とう)-流(흐를 류{유};りゅう・る)

위와 같은 비슷한 한자를 착각하지 않기 위해서는 한자를 학습할 때 공통점과 차이점을 확실하게 기억해서 암기하는 습관을 평소에 가지는 것이 중요하다. 예를 들면 앞에서 본 한자 중에서 「誠(정성 성) - 試(시험할 시)」에서 「誠(정성 성)」은 「戈」이지만, 「試(시험할 시)」는 「弋」이라는 것을 漢字의 한 字 한 字의 특징을 확실히 파악해서 기억하는 것이 한자 학습의 지름길이다.

4. 当用漢字表(1850字)

제2차 세계대전이 끝난 후, 일본에서는 문자의 사용법에 대한 개혁이 강해져서, 1946년 11월 16일에는 내각(内閣) 고시(告示)로서 신문, 잡지 등에 사용하는 한자의 범위로서 1850자로 제한하였다. 이것이 당용한자(当用漢字)이다. 이 당용한자표(当用漢字表)에는 일상생활에서 사용하는 한자의 범위로서 1850자로 제한하고 있기 때문에 이때까지 사용해 온 한자들이 많이 사용되지 않게 되었다. 그리고 자체(字体)가 어려운 당용한자(当用漢字)는 쉬운 약자(略字)인 신자체(新字体)로 바뀌면서 한일(韓日) 한자 자체(字体)가 틀리게 되었다.

一部　一丁七丈三上下不且世丘丙

丨部　中

丶部　丸丹主

丿部　久乏乗

乙部　乙九乳乾乱

亅部　了事

二部　二互五井亜

亠部　亡交享京

人部　人仁今介仕他付代令以仰仲件任企伏伐休伯伴伸伺似但位
　　　低住佐何仏作佳使来例侍供依侯侵便係促俊俗保信修俳俵
　　　併倉個倍倒候借倣値倫仮偉偏停健側偶傍傑備催伝債傷傾
　　　働像僚偽僧価儀億倹儒償優

儿部　元兄充兆先光克免児

入部　入内全両

八部　八公六共兵具典兼

冂部　冊再冒

冖部　冗冠

冫部　冬冷准凍凝

几部　凡

凵部　凶出

刀部　刀刃分切刈刊刑列初判別利到制刷券刺刻則削前剖剛剰副
　　　割創劇剤剣

力部　力功加劣助努効劾勅勇勉動勘務勝労募勢勤勲励勧

勹部　勺匁包

匕部 化北

匚部 匠

匚部 匹匿區

十部 十千升午牛卑卒卓協南博

卜部 占

卩部 印危却卵卷卸即

厂部 厘厚原

厶部 去参

又部 又及友反叔取受

口部 口古句叫召可史右司各合吉同名后吏吐向君吟否含呈呉吸
吹告周味呼命和咲哀品員哲唆唐唯唱商問啓善喚喜喪喫単
嗣嘆器噴嚇厳嘱

囗部 囚四回因困固圏国囲園円図団

土部 土在地坂均坊坑坪垂型埋城域執培基堂堅堤堪報場塊塑塔
塗境墓墜増墨墮墳墾壁壇圧塁壊

士部 士壮壱寿

夂部 夏

夕部 夕外多夜夢

大部 大天太夫央失奇奉奏契奔奥奪奨奮

女部 女奴好如妃妊妙妥妨妹妻姉始姓委姫姻姿威娘娯娠婆婚婦
婿媒嫁嫡嬢

子部 子孔字存孝季孤孫学

宀部 宅宇守安完宗官宙定宜客宣室宮宰害宴家容宿寂寄密富寒
察寡寝実寧審写寛寮宝

寸部　寸寺封射将尉専尊尋対導

小部　小少

尢部　就

尸部　尺尼尾尿局居届屈屋展層履属

山部　山岐岩岸峠峰島峡崇崩岳

巛部　川州巡巣

工部　工左巧巨差

己部　己

巾部　市布帆希帝帥師席帳帯常帽幅幕幣

干部　干平年幸幹

幺部　幻幼幽幾

广部　床序底店府度座庫庭庶康庸廉廊廃広庁

廴部　延廷建

廾部　弊

弋部　式

弓部　弓弔引弟弦弧弱張強弾

彡部　形彩彫彰影

彳部　役彼往征待律後徐径徒得従御復循微徴徳徹

心部　心必忌忍志忘忙忠快念怒怖思怠急性怪恆恐恥恨恩恭息悦
　　　悔悟患悲悼情惑惜恵悪惰悩想愁愉意愚愛感慎慈態慌慕惨
　　　慢慣概慮慰慶憂憎憤憩憲憶憾懇応懲懐懸恋

戈部　成我戒戦戯

戸部　戸房所扇

手部　手才打扱扶批承技抄抑投抗折抱抵押抽払拍拒拓抜拘拙招

拝括拷拾持指振捕捨掃授掌排掘掛採接控推措描提揚換
握掲揮援損揺捜搬携搾摘摩撤撮撲擁択撃操担拠擦挙擬拡
摂

支部　　支

支部　　収改攻放政故敍教敏救敗敢散敬敵敷数整

文部　　文

斗部　　斗料斜

斤部　　斤斥新断

方部　　方施旅旋族旗

无部　　既

日部　　日旨早旬昇明易昔星映春昨昭是時晩昼普景晴晶暇暑暖暗
暫暮暴暦曇暁曜

曰部　　曲更書替最会

月部　　月有服朕朗望朝期

木部　　木未末本札朱机朽材村束杯東松板析林枚果枝枯架柄某染
柔査柱柳校株核根格栽桃案桑梅條械棄棋棒森棺植業極栄
構概楽楼標枢模様樹橋機横検桜欄権

欠部　　次欲欺款歌欧歓

止部　　止正歩武歳歴帰

歹部　　死殉殊殖残

殳部　　段殺殿殴

毋部　　母毎毒

比部　　比

毛部　　毛

氏部　氏民

气部　気

水部　水氷永求汗汚江池決汽沈没沖河沸油治沼沿況泉泊泌法波
　　　泣注泰泳洋洗津活派流浦浪浮浴海浸消渉液涼淑涙淡浄深
　　　混清浅添減渡測港渇湖湯源準温溶滅滋滑滞滴満漁漂漆漏
　　　演漢漫漸潔潜潤潮渋澄沢激濁濃湿済濫浜滝瀬湾

火部　火灰災炊炎炭烈無焦然煮煙照煩熟熱燃灯焼営燥爆炉

爪部　争為爵

父部　父

片部　片版

牛部　牛牧物牲特犠

犬部　犬犯状狂狩狭猛猶獄独獲猟獣献

玄部　玄率

玉部　玉王珍珠班現球理琴環璽

甘部　甘

生部　生産

用部　用

田部　田由甲申男町界畑畔留畜畝略番画異当畳

疋部　疎疑

疒部　疫疲疾病症痘痛痢痴療癖

癶部　登発

白部　白百的皆皇

皮部　皮

皿部　盆益盛盗盟尽監盤

目部	目盲直相盾省看真眠眼睡督瞬
矛部	矛
矢部	矢知短
石部	石砂砲破研硝硫硬碁砕碑確磁礁礎
示部	示仙侔侒祕俠侺倢倅票祭禁倘倜禅礼
禾部	秀私秋科秒租秩移税程稚種称稲稿穀積穂穏穫
穴部	穴究空厓窒窓窮窯窃
立部	立並章童端競
竹部	竹笑笛符第筆等筋筒答策箇算管箱節範築篤簡簿籍
米部	米粉粒粗粘粧粋精糖糧
糸部	系糾紀約紅紋納純紙級紛素紡索紫累細紳紹紺終組結絶絞絡給統糸絹経惲維綱網綿緊憙線締縁編緩緯練縛県縫縮縦総績繁織繕絵繭繰継続織
缶部	欠
网部	罪置罰罸罷
羊部	羊美着群義
羽部	羽翁翌習翼
老部	老考者
而部	耐
耒部	耕耗
耳部	耳聖聞声職聴
聿部	粛
肉部	肉肖肝肥肩肪肯育肺胃背胎胞胴胸能脂脅脈脚脱脹腐脳腰腸腹膚膜膨胆臓

臣部　臣臨

自部　自臭

至部　至致台

臼部　與興旧

舌部　舌舍舗

舛部　舞

舟部　舟航般舶船艇艦

艮部　良

色部　色

艸部　芋芝花芳芽苗若苦英茂茶草荒荷荘茎菊菌菓菜華万落葉珖
　　　葬蒸蓄薄薦薪碌蔵芸薬藩

虍部　虐処絎絜虞号

虫部　蚊融虫蚕蛮

血部　血衆

行部　行術街衝衛衡

衣部　衣表衰衷袋被裁裂裏裕補装裸製複襲

西部　西要覆

見部　見規視親覚覧観

角部　角解触

言部　言訂計討訓託記訟訪設許訴診詐詔評詞詠試詩詰話該詳誇
　　　誌認誓誕誘語誠誤説課調談請論諭諮諸諾謀謁謄謙講謝謡
　　　謹証識譜警訳議護誉読変譲

谷部　谷

豆部　豆豊

豕部	豚象豪予
貝部	貝貞負財貢貧貨販貫責貯弐貴買貸費貿賀賃賄資賊賓賜賞賠賢売賦質頼購贈賛
赤部	赤赦
走部	走赴起超越趣
足部	足距跡路跳踊踏践躍
身部	身
車部	車軌軍軒軟軸較載軽輝輩輪輸轄転
辛部	辛弁辞
辰部	辱農
辵部	込迅迎近返迫迭述迷追退送逃逆透逐途通速造連逮週進疎遂遇遊運遍過道達違遮遠遣適遭遅遵遷選遺避還辺
邑部	邦邪邸郊郎郡部郭郵都郷
酉部	配酒酢酬酪酵酷酸酔醜医醸
釆部	釈
里部	里重野量
金部	金針鈍鈴鉛銀銃銅銑銘鋭鋼銑錘錠銭錯錬鍛鎖鎮鏡鐘鉄鋳鑑鉱
長部	長
門部	門閉開閑間閣閥閲関
阜部	附降限陛院陣除陪陰陳陵陶陥陸陽隆隊階隔際障隣随険隠
隶部	隷
隹部	隻雄雅集雇雌双雑離難
雨部	雨雪雲零雷電需震霜霧露霊

青部　青静

非部　非

面部　面

革部　革

音部　音韻響

頁部　頂項順預頒領頭題額顔願類顧頸

風部　風

飛部　飛飜

食部　食飢飲飯飼飽飾養餓余館

首部　首

香部　香

馬部　馬駐騎騰騒駆験驚駅

骨部　骨髄体

高部　高

髟部　髪

鬥部　鬪

鬼部　鬼魂魅魔

魚部　魚鮮鯨

鳥部　鳥鳴鶏

鹵部　塩

鹿部　麗

麦部　麦

麻部　麻

黄部　黄

黒部	黒默点覚
鼓部	鼓
鼻部	鼻
斉部	斎
歯部	歯齢

参/考/文/献

• 姜忠熙편저(1988)『秘法漢字』学一出版社

• 김성봉편저(1999)『일본 한자에 강해지는 책』시사일본어사.

• 김성봉편저(1999)『일본 한자 끼리끼리 암기법』시사일본어사.

• 김성봉(2005)『일본어 기초한자 153』제이앤씨

• 目印法漢字編纂会(1993)『目印法辞典式秘書漢字』

• 박원길저『新漢子암기박사』동양문고

• 이래원(2009)『꼬불꼬불 한자 쉽게 끝내기』키출판사

• 阿辻哲次(1991)『漢字の字源をさぐる』岩波書店

• 阿辻哲次(2006)『もっと漢字を解剖する』中央公論新社

• 武部良明(1988)『現代国語表記辞典』三省堂

• 武部良明(1989)『漢字の教え方』アルク

• 武部良明(1993)『漢字はむずかしくない』アルク

• 藤堂明保(1978)『漢語と日本語』秀英出版

• 藤堂明保(1987)『漢字の話』(上)(下) 朝日新聞社

• 藤堂明保偏(1988)『漢字源』学習研究社

• 文化庁(1986)『公用文の書き表し方の基準(資料集)』

• 斎賀秀夫(1995)『漢字の賢人』飛鳥新社

• 村石利夫(1997)『漢字力をつける本』福武文庫

• 村松暎編(1977)『漢字に強くなる本』日本経済通信社

• 広辞苑 第5版 CD-ROM版(1998) 岩波書店

저자 김성봉

한양대학교 문학박사(일본고대한자표기법전공)

일본 불교대학 국문학과 연구원(1992)

일본 불교대학 종합연구소 촉탁연구원(1997~1998)

일본 류큐대학 객원연구원(2001)

일본 사가대학 객원연구원(2012)

현) 제주대학교 일어일문학과 교수

부수로 배우는 일본한자

초 판 인 쇄 | 2018년 10월 5일
초 판 발 행 | 2018년 10월 5일

지 은 이 김성봉

책 임 편 집 윤수경

발 행 처 도서출판 지식과교양
등 록 번 호 제2010-19호
주   소 서울시 도봉구 삼양로142길 7-6(쌍문동) 백상 102호
전   화 (02) 900-4520 (대표) / 편집부 (02) 996-0041
팩   스 (02) 996-0043
전 자 우 편 kncbook@hanmail.net

ISBN 978-89-6764-127-6 93700   정가 22,000원